# 政學私言

# 出版說明

錢穆賓四先生，生前爲促進今日國人對我中華傳統文化之認識，曾計劃將其著作分類編爲「小論叢」，以便利青年學子之閱讀。今素書樓文教基金會乃遵先生遺意，以聯經公司民國八十六（一九九七）年之全集版爲底本，將先生著作分類重排，出版選輯：中國史學小論叢一套，包括中國文化史導論、中國歷史精神、國史新論、中國歷代政治得失、中國歷史研究法、中國史學發微、中國史學名著、政學私言八書。

中國文化史導論一書，爲先生繼國史大綱之後，專就通史中有關文化史一項所作之導論。嘗謂讀者當就兩書合讀，庶可對我國歷史之整全體有較深一層之認識。本書係先生第一部討論中國文化史而同時兼論中西文化異同問題有系統之著作。原著於民國三十二、三（一九四三、四）年對日戰爭期間，迄三十七（一九四八）年夏，交上海正中書局出版。其時大局動盪，未能流傳。四十（一九五一）年台北正中再版印行，流傳依然未廣。先生晚歲，每以此爲憾。七十六（一九八七）年，以九十三高齡，再重讀全書，稍加修潤，擬重版發行。書未梓行，七十九（一九九〇）年夏，先生已溘然謝世。八十三（一九九四）年，其夫人將本書與新修訂之國史大綱兩書，交台北與北平商務印書館，兩地同時重印新版，以爲先生百年誕辰紀念。五十年來先生之心願，終獲達成。

中國歷史精神一書，乃民國四十（一九五一）年春，先生在台北應國防部高級軍官組特約講演七次，分別講述史學精神與方法、中國歷史上的政治、經濟、國防、教育、地理與人物、道德精神七題，講辭由先生修潤成書。本書深入淺出，有助讀者在短期內對我國五千年歷史精神之瞭解。本書於民國四十一（一九五二）年由印尼耶加達天聲日報印行，四十三（一九五四）年台北國民出版社出版。民國五十三（一九六四）年，增入先生在台北國防研究院講中國文化與中國人、從中西歷史看盛衰興亡兩講辭，在香港、台北兩地再版，六十五（一九七六）年改由台北東大圖書公司在台出版。八十六（一九九七）年編全集，又增入先生早年舊稿中華民族歷史精神及晚明諸儒之學術及其精神兩文。

國史新論一書，初編於民國四十（一九五一）年，所收論文中國社會演變、中國傳統政治、中國智識分子，中國歷史上之考試制度、中國文化傳統之演進五篇，先後於港、台兩地自印出版。先生生前深以近百年來，我國面臨前古未有之變局，不幸國人對已往歷史認識特爲貧乏模糊爲憂。常望能就新時代之需要，探討舊歷史之真相，以期對當前一切問題，有一本源之追溯與較切情實之考查。本書係以分別、專門、變化三種眼光治史之所得，以資有志者之參考。民國七十（一九八一）年，本書改交台北東大圖書公司出版。七十七（一九八八）年，先生重編本書，增入再論中國社會演變、略論中國社會主義、中國歷史上的傳統政治、中國文化傳統中之士、再論中國文化傳統中之士、中國歷史上的傳統教育、中國教育制度與教育思想、中國歷史人物、中國歷史上之名將九篇，合爲十四篇。八十六（一九九七）年整編全集，又增入中國歷史上社會的時代劃分一篇；初編所收中國文化傳統之演進一文，先生曾謂該文本爲其中國文化史導論一書之總提綱，今遵先生遺意移附該書之末。

中國歷代政治得失一書，乃民國四十一（一九五二）年春，先生在台北應總統府戰略顧問委員會主委何應欽先生之邀，演講「中國歷代政治得失」一題。講期五次，每次限兩小時，故僅拈漢、唐、宋、明、清五代之政治制度，略舉大綱。本擬就講稿事後再作增補，不幸先生即因意外腦部受傷，養病期間，僅能就記錄稿稍加校正，是年冬在香港初版。嗣後先生就前稿略加修改，如唐代兩稅制、明代賦稅制度等，均有新資料補充；四十四（一九五五）年在港出版修訂本，六十六（一九七七）年以港版交東大圖書公司在台發行。

中國歷史研究法一書，乃民國五十（一九六一）年，先生在港應孟氏基金會邀請，作一系列講演，該會定總題爲「歷史研究法」，先生就其總題分通史、政治史、社會史、經濟史、學術史、歷史人物、歷史地理、文化史八部分，作八次講演。講辭由學生葉君記錄，先生再加整理潤飾成書。先生以爲研究歷史，尤應注意歷史背後所蘊藏而完成之文化，曾謂此書亦可另賦一名爲「中國歷史文化大義」。是書於五十（一九六一）年由孟氏教育基金會在香港初版後未再重刊，五十八（一九六九）年在台初版，其後絕版多年。七十六（一九八七）年先生對原書內文略有增潤，並附入早年所作略論治史方法、歷史教育幾點流行的誤解兩文，七十七（一九八八）年由台北東大圖書公司出版。八十六（一九九七）年編全集版，又增入先生早年論文如何研究中國史、歷史與教育、中國今日所需的新史學與新史學家、中國歷史教學、歷史教學與心智修養、中國史學之特點等六篇。

中國史學發微一書，大部分爲先生晚年所發表有關史學之綱領，少部分爲先生較早之著作。是書初編於民國七十六（一九八七）年，共收文十四篇，交台北東大圖書公司出版。其中莊子薪盡火傳釋義一文，先生生前已移入舊著莊老通辨一書中，八十六（一九九七）年編全集版，本書改爲十三篇。

中國史學名著一書，乃先生於民國五十九（一九七〇）年爲台北中國文化學院歷史研究所博碩士班學生所開「中國史學名著」課程之全年講堂實錄，旨在指引學生研究史學之門徑。全書由學生戴景賢君隨堂錄音寫出，再由先生删潤而成。民國六十二（一九七三）年交台北三民書局出版。六十九（一九八〇）年先生又作通體之增删修潤，八十六（一九九七）年編全集本，即以增修遺稿爲底本出版。

政學私言一書，所收十五文皆爲抗日戰爭時期所作。其時日寇囂張，時局阢隉，後方人心惶惶不安。本書主旨在從中國固有歷史文化傳統立場，爲建立未來新中國之理想作設計藍圖，其範圍包括政治、社會、經濟、法律、教育等各方面。惟先生自以時政爲生平所疏，而所言又有違崇重西化之時尚，故特將本書定名爲「政學私言」。本書於民國三十四（一九四五）年抗戰勝利初期，出版於重慶。五十六（一九六七）年台北商務印書館再版。其後先生曾重讀此書，就原書有所增修改訂。八十六（一九九七）年整編全集，即以經先生修訂者爲底本，又增入先生同時期所寫變更省區制度私議、中國之前途、建國信望三文。

上列八書，台北聯經出版公司於民國八十六（一九九七）年出版全集本時，已校正若干誤植錯字，並增入私名號、書名號、以及酌加引號，以利閱讀；又凡新增各篇，目次中悉標注〔＊〕號。此次重排，除改正若干誤植之錯字外，並將各書中若干篇論文，再與舊版重校對。排編之工作，雖力求慎重，然錯誤疏漏之處，在所難免，敬希讀者不吝指正。

中華民國九十（二〇〇一）年一月

素書樓文教基金會

# 目次

# 自序

客歲，胃痛時劇，經春歷冬，每發愈厲。醫囑入院檢驗，謝事靜攝。值寇氛囂張，獨山淪陷。後方惶擾，訛言日興。牀褥無聊，惟對報紙；或有朋徒相訪，言思所涉，鬱結百端。開歲小痊，頗能興起，時尚僅飲湯液，一日七餐，每歷兩時，即復進食。一餐之前後，例作小憩。其間偶得數十分鐘閒，握筆排悶，隔越旬日，亦成篇幅。春盡花落，病乃向已。檢點成稿，凡獲七章。其所論刊，皆涉時政，此爲平生所疎，又不隸黨籍，闇於實事。洛陽少年，見譏絳灌，老不知休，更可慙恥。抑時論所尚，必有典據，或尊英美，或師馬列，蜾蠃之祝，惟曰肖我。其有回就國情，則以黨義爲限斷，區區所論，三俱無當，謚曰「私言」，亦識其實。風林之下，難覓靜枝，急湍所瀉，無遇止水，率本所學，吐其胸臆，邦有君子，當不憫笑。蒙東方雜誌社代爲刊載，又承王君雲五允作單本印行，用廣流傳，私衷感激，未可名狀。別有爲思想與時代撰文數篇，此乃三年前舊作，附諸下卷，取相證發，要之爲一家之私言云爾。

民國三十四年六月錢穆識。

# 政學私言　上卷

# 一　中國傳統政治與五權憲法

## 一

作者草爲此文，先有一甚深之信念。竊謂政治乃社會人生事業之一支，斷不能脫離全部社會人生而孤立，故任何一國之政治，必與其國家自己傳統文化民族哲學相訢合，始可達於深根寧極長治久安之境地。

民主政治爲今日中國惟一所需，此毋煩論，蓋有民主政治，既爲世界潮流所歸趨，抑亦中國傳統政治最高理論與終極目標之所依嚮，故亦惟有民主政治，始可適應現勢，符合國情。

然民主政治僅一大題目，而非一死格式。英美同屬民主，蘇維埃亦同稱民主，而英美之間復有不同，可見民主政治儘可有種種異相。中國所要者，乃爲一種自適國情之民主政治，重在精神，不重在格式。苟非中國人能擺脫模倣鈔襲，有勇氣，有聰明，能自創自造，自適國情，則或主步趨英、美，或主追隨蘇聯，國內之政爭，將以國外之政情爲分野，並將隨國外之勢力爲消長，國家政治基礎將永遠在外不在內，在人不在我，以此立國，何有寧日。

# 二

所謂民主政治之精神，莫要於能確切表達國民之公意。今試以此繩切當前之政論。有所謂團結與聯合政權者，其意所指，則在各黨各派間。若在英、美，多數民衆無不隸屬於政黨，故多數黨執政，即爲代表國民多數之意見；諸黨聯合，即爲代表民衆全體之合作。中國則不然。黨人之比數僅占國民全數一小部分，一黨專政，固不得謂是多數之民意，即使全國各黨各派聯合團結，論其數量，依然占國民全數甚小之比率。政黨代表不了民意，此乃中國目前政情一特有之癥結。必由此著眼，仍始爲對中國政治對症下藥之途徑。

中國人對政黨興味異常淡漠，此乃一不可掩飾之事實，此非中國人對政治無興趣，惟其對政黨政治則興趣實嫌不足。此不得以中國人民教育程度不足，政治智識不夠爲理由。當知政黨政治實於國情未爲適合。若求適合國情，則莫如創設一「公忠不黨」的民主政治。此種政治，雖可有政黨，而政黨退居不占重要之地位。而今日國人之意見，則頗不如是。大率以爲民主政治之運用，必有待於政黨，而政黨活動則羣認英、美爲楷模，此亦幾乎成爲國人之公論矣。

今姑不論英、美政黨利弊之實際，當知英、美政黨政治，亦自有其特殊之背景。此亦僅英、美爲然，其他各國並不盡然。法國號稱民主先進，彼與英僅隔一水，文化之相染涉者甚深且密，然法國常見爲諸小黨紛立，不能如英、美之爲兩大黨對峙。其他歐洲諸大邦如德、如意、如俄，則政黨成績演化更淺。上次歐戰以還，彼諸國王室傾覆，政局變動，皆各自有一種新政體出現，均不能步趨英、美之後塵。同爲政黨政治，而其間不同已如此。

中國傳統哲學，民族特性，皆與歐、美不同。今日國家一般情勢，與夫社會經濟形態，亦復與彼諸邦未可一概相擬，然則必求中國强效英、美之先例，此亦何見其可者？强不可以爲可，不僅無成效，抑且轉生病害。

民初以來之政黨成績，當猶在國人之腦際。其時論政者有慨而倡爲毀黨造黨之論者。何以蘄求毀黨？此因當時的政黨實在要不得。既主毀黨，何以又主造黨？則因國人心理，必謂民主政治之運用絕對需待於政黨。不知民主政治可以爲政黨政治，而不必定爲政黨政治。今日何日，國步艱危極矣，然尚有不可解之黨爭，有待於國人之高呼團結，則吾民德之不習於政黨政治，其去民初豈甚相遠。今縱使國內諸政黨皆各降心相從，團結一致，然若只就政黨立場，則其去真實民意，豈不猶甚遠乎？況並此諸黨之團結而不能。

然今日中國不能有好的政黨政治，此不足爲中國病，抹摋國情，一味效顰他邦之先例，即根本不足爲好政制。中國人豈特不能步趨英、美，實亦不能步趨德、法或蘇聯。中國人實際利害觀念不堅强，則不能效英、美；崇拜偉人之心理不狂烈，則不能效德國；嚴切組織尅制異己之手段不深刻，則不能效蘇聯。一黨專政既爲羣情所不安，而諸黨互競又爲民德所不習，政黨政治之在中國，其前途甚黯澹。然此並不足悲觀，所足悲觀者，乃在中國人不能自創一自適國情之政制，而必步趨他人之後塵，則其政治將永無獨立自定之望。

所謂自適國情之政制者，大體言之，即所謂公忠不黨之民主政治。「公忠不黨」者，乃超派超黨、無派無黨，或雖有黨派而黨派活動在整個政制中不占重要地位之一種民主政治，亦即所謂「全民政治」。

## 三

今日問題所在，應問此種公忠不黨之全民政治是否有創生之可能？若謂有之，其政制之大體結構又如何？

我請直率言我意：則此種政制在理論上，事實上皆已有之。若言其大體之結構，則孫中山先生之「五權憲法」，即其理想之一型。我前已言，中國傳統政治之最高理論與終極目標即爲一種民主政治，而此種民主政治之所嚮往，即一種公忠不黨或超派超黨無派無黨之民主政治。中山先生之五權憲法，本爲融通中外而創設，故其精神所寄，亦自涵有公忠不黨超派超黨無派無黨之精義，其所以爲適切國情之點亦在此。此義甚深，國人言者尚尠，請試申述之。

首當論中國傳統政治之所嚮往，何以爲一種公忠不黨、超派超黨、無派無黨之民主政治？西方學者言政體，率分三類：

一、君主專制。

二、貴族政體。

三、民主政體。

中國自秦、漢以下，嚴格言之，早無貴族，中國傳統政治之非貴族政治，此不待論矣。中國雖有君主，然固非君主專制，此如英倫雖至今有君主，然不害其爲民主政體。中國傳統政治，既非貴族政治，又非君主專制，則必爲一種民主政體矣。然中國傳統政治下乃無代表民意之國會，此則頗滋近人疑病。

然試一考西方政史，國會之起源，其時民權思想初現，政府乃爲君主與貴族專擅之私物，與民衆固無預，召集國會即所以代表民意，即以此監督政府；政府則對國會諮訪民衆之同意。故西方政史當民權思想初現，其時則政府與民衆爲顯然對敵之兩體。所謂國會與民權者，則僅爲一種監督與同意之權而已。其後民衆勢力日盛，政府乃始以國會中多數黨組閣，由是則民衆與政治漸合一，然國會中少數黨則仍與多數黨成敵對之勢，此則所謂在朝黨與在野黨是也。故西方政制，乃至今未脫一種雙方對立之形勢。即「政民對立」之形勢，儼若民衆之與政府，宜處於敵對之地位然者。即上次歐戰以後，意、德、蘇聯新政制創興，亦以一黨控制黨外民衆，其爲兩相敵對之形勢猶存在。故西方國會初起，乃爲一種間接民權，以其只代表民意監督政府，而政府本自與民衆對立，民衆只有監督行政之權，故可謂之「間接民權」。

若論中國傳統政制，雖有一王室，有一最高元首爲全國所擁戴，然政府則本由民衆組成，自宰相以下，大小百官，本皆來自田間，既非王室宗親，亦非特殊之貴族或軍人階級。政府既許民衆參加，並由民衆組織，則政府與民衆固已融爲一體，政府之意見即爲民衆之意見，更不必別有一代表民意之監督機關，此之謂「政民一體」，以政府與民衆，理論上早屬一體。故知中國傳統政治，未嘗無民權，而此種民權，則可謂之「直接民權」，以其直接操行政之權。

西方民權之初現，僅爲間接之監督權，而中國傳統民權，則爲直接之行使權。故西方民衆與政府對立，而中國傳統觀念，則民衆與政府合一。若以中國傳統政制無國會，便謂中國傳統政治無民權，此實皮相之見。

中山先生五權憲法中考試、監察兩權，厥爲中國傳統政制精義所寄。考試制度之用意，即在「公開政權，選賢與能」。夫真能代表民意者，就實論之，並不在人民中之多數，而實在人民中之賢者。中國傳統考試制度，即在以客觀方法選拔賢能，而使在政府中直接操政。故西方政制爲政民對立，而中國傳統政制則爲政民一體。西方政制爲間接民權，而中國傳統政制則爲直接民權。西方政制爲多數代表，而中國傳統政制則爲賢能代表。多數代表亦可稱之爲統計代表，統計投票數與舉手數之多少而決從違，賢能代表亦可稱之爲人才代表。中國古語所謂「賢鈞從衆」，蓋以才能賢否爲第一條件，而人數多寡則爲第二條件。既主行使直接政權，自必重質勝於重量，重才能勝於重數字矣。中山先生於民權主義中即詳論「權」「能」之分別，又特倡「知難行易」之學說以爲其政論之根據。若論多數，則不知不覺之民衆必占上選，然真能代表民衆中不知不覺之多數者，轉在少數先知先覺與後知後覺之人才，故據中山先生之意見，亦必主張賢能代表之傳統觀念。

中國自漢代之「地方察舉」，經歷魏、晉以下之「九品中正」，以至隋唐以下之「科舉競選」，中國因有此一制度，故能不斷自社會民衆中選拔賢才使之從政。且不僅許此等人物以從政，並亦政府全由此等人物而組成。

而與考試制度相副爲用者，尚有銓敘制。禮部之「科舉」與吏部之「銓敘」，實爲一制度之兩翼，所當夾輔而並進。因有考試制，故能妙選全國人才，開其從政之路；因有銓敘制，故吏途之進退遷轉，皆憑公開客觀之資歷，不以一人一時之好惡與私見而升黜。英國文官考試制度，即由采納中國考試制度而創生。然其間復有一重要歧點。蓋英國文官制度，只限於事務官，至政務官則一視政黨之進退爲進退。中國之考試與銓敘，則無寧以政務官爲其主要之對象。宋、明以來爲宰相大臣者，幾乎全數必經考試制度獲得其從政之資格，又全部從銓敘制度獲得其升擢之階履。故中國傳統政治，只除王帝一人，自宰相以下全部政府人員，依理論之，皆當由考試制度選拔，皆當依銓敘制度任用。雖事實有不盡然，然大體亦不能甚違此原則。

惟其如此，故人民之有志從政者，乃不需自結黨派以事鬥爭，而每以公忠不黨爲尚。此自中國傳統政制結構重心與西方不同。我所謂中國傳統政治爲一種有意趨嚮於超派超黨無派無黨之民主政治者，考試制度實爲其主要一機能。

其次請言監察制。中國傳統政府，既由選拔社會賢能而組成，故可不需於政府外別有一民衆之監察機關，此已言之矣。然其在政府內部，則仍自有監察機關之存在，所謂御史制度是也。中國傳統政制，尚有與御史制度相足互成之一制度，則爲諫議與審駁，此亦猶如銓敘之與考試，必兩機能相配合，而後其用意功能乃益顯。諫議封駁，在漢已有之。下迄唐、宋，發展益著。在唐爲門下省，在宋爲諫垣，在明爲尚書六部分科給事中，皆此一機能之遞演。所謂臺諫分行，政令之推行有缺失，則臺官彈劾之；其政令自身有不當，則諫官駁正之。故依中國傳統政制之慣例，王帝詔勅，必由宰相副署，始得行下。而宰相政令，得由門下省或諫垣駁議糾正。諫官認爲不可，可以抑而不下，或封還改定之。此「監察」與「諫諍」之兩職，蓋即在政府內部，而對其政權施以一種適當之節制與裁抑者。

中國傳統政制，因有此等制度之存在，故雖不能如西方之有國會與政府爲對立，而政府權力仍有其自身調節之機能。今日政事益趨繁重，非有專門學養，往往不克勝任愉快。國會議員未必於行政各部門均有專識，則其對政府政令之批評，及其從違之意見，只有依隨自己黨派中之意見而轉移。故雖云取決多數，而實際則仍瞻少數有專識者之馬首。如明代分科給事中，對行政各部門分別設官審覈駁議，此亦略如近代政府中有專家顧問，儻令政府各部門政令，均有此等分科專家司其審覈與駁議，則雖無國會監督，亦可減少政府失職之機會。儻以此等分科制度與國會相輔而行，則可減輕國會之負擔。中山先生五權憲法中特設監察一權，用意本兼及此。惟今之監察院，則僅有彈劾，而不復及於審駁，是只當於中國傳統政制下之臺官而未及於諫官。其實中國歷史上之所謂諫官，不專於對君主，其在今日，仍有可以斟酌採用之餘地。其間得失且勿論，而中國傳統政治之雖無國會，自有其制衡，其義亦即此而可見矣。

今若以中山先生之「五權憲法」，再爲比附於中國傳統政制，則行政院乃約略如唐代之尚書省，此只代表全個政府中之一部分機能。然吾人儻以最狹義之眼光詮釋政府，不妨即以行政院當之。此外尚有四院，用人升黜之權在考試院，督察糾正之權在監察院，創制立法之權在立法院，懲戒處罰之權在司法院。使此四權均能獨立運用，克盡厥職，則決不患行政院職權之過大。以政府內部自身固已有其調節裁制之機能。若依西方民主國先例，亦惟關於行政部門之官吏可隨政黨爲進退，其他若司法官或海陸軍人，即多超然黨派之外，以不捲入黨派漩渦爲原則。中山先生之五權憲法，本屬採用西方三權分立之理論而略加變通，則其所謂之「五權」，亦必求其各各獨立，行政權以外之四權，亦必求其能超然於黨派之外，不隨黨爭爲轉移。今使此考試、監察、立法、司法之四院，皆能妙選人才，得全國之優秀而任使之，又使超然黨派之外，則一理想中五權憲法之政府，當只有一行政院，或可仍隨政黨之進退爲進退，而行政院用人，仍須先經考試院之考試。此則政黨活動，豈不在全部政制機構與運用之中，已減輕其重要之地位與影響乎？且使此四權而各各克盡厥職，運用得宜，則國會任負亦將隨而減輕。近代民主政治中政黨活動之重要場地，即在國會，今既減輕國會之任負，則政黨活動之重要，自亦隨而減輕。循此演進，雖使逐漸臻於公忠不黨、超派超黨、無派無黨之境界，固非絕不可能之事。故余謂中山先生之五權憲法，實即爲理想的公忠不黨超派超黨無派無黨的民主政治之一型，而又爲接近傳統政制適合國情之一型。

## 四

或者將疑我說，有意爲中國傳統政制作辯護，夫今日國人對已往傳統政制好肆詆毀，我豈不知，我何必好人所惡，以召笑而招罵。且中國傳統政制，自有其病害，昭彰史册，我豈能一手掩盡。顧當知古今中外，絕無一種十全十美有利無病之政制，惟其如此，故任何一種政制，皆有賴於當時人之努力改進。亦惟其如此，故任何一國家，苟非萬不得已，亦絕無將其已往傳統政制，一筆抹撥，一刀斬割，而專向外邦他國模擬鈔襲，而謂可使其新政制得以達於深根寧極長治久安之理。爲此想者，蓋非愚即惰。中國傳統政制，雖爲今日國人所詬詈，然要爲中國之傳統政制，有其在全部文化中之地位，無形中仍足以支配當前之中國。誠使中國傳統政制，尚有一些長處，尚有一些精義，豈得不爲之洗發。儻能於舊機構中發現新生命，再澆沃以當前世界之新潮流，注射以當前世界之新精神，使之煥然一新，豈非當前中國政治一出路。中山先生之五權憲法，其用意正在此。

今試再指陳中國傳統政治之病害，最大者在上到底多了一個迹近專制的王室，在下到底少了一個代表民意的國會。此亦由中國歷史環境所造成。中國乃一廣土衆民之大國，欲求政治之統一與安定，不能不有一舉國共戴之元首。而此元首之推戴，若由民衆選舉又多不便，於是乃有世襲之王室。此均爲中國歷史環境所限，無足深怪。抑且正爲其缺乏一國會，故能逼出考試與銓敘制度。正爲其有一世襲之王室，故能逼出監察與審駁制度。此中消長，正亦得失參半。中國傳統政制，雖不能謂其確已達到無派無黨之民主，要不可謂非向此標的而趨赴。故其政府官吏，均來自民間。今日布衣，明日卿相。而王室則一線相承，因政體之安定，往往可以承襲至數百年之久。

然亦由是而易於釀成王室之驕奢，並使朝臣無法矯正，漸積日久，腐化影響漸播漸大，終至激起全國之大亂。此爲中國史上屢見不一見之事實。至於元、清兩代，其王室背後皆有特殊的部族勢力爲之擁護，遂使此兩朝政制，更趨於專制黑暗。然此兩朝，究不得爲中國傳統政制之代表。今英倫政制，見推爲舉世憲政之先進，然其王室尚巋然存在，說者謂其對於聯合王國之維繫，猶爲有莫大之功用。以彼例我，中國傳統政制中有一王室，固不當受今日國人過甚之詬詈，惟要之則爲中國傳統政制下一害多於利之病根。辛亥革命，將二千年遞嬗之王室，一旦掃除，洵爲快事。

中國傳統政制，少一國會，此亦一莫大缺陷。雖有考試銓敘制度，爲直接民權之礎石，有監察審駁制度，爲行政權力之調節。然政府與民衆，終不能不因其地位之懸殊而異其觀點，若非有一專司代表民意之國會，則上下之間，終必時時有脫筍落鈎之慮。今中山先生之五權憲法，既於西方民主政治三權鼎立之理論上，提煉出中國舊政制中考試、監察兩權而改成五權，又於其上面抹去一王室，於其下面增添一國會，此誠斟酌盡善，不可謂非外順世界潮流，內適傳統國情之一種創制。

## 五

以上所言，意在申明中山先生五權憲法所以適切國情而與徒事鈔襲模擬者不同之處。今再扼要言之，則五權憲法中，國會權能之減輕，實爲甚關重要之一點。英、美三權分立，國會占其一。而行政部分常與國會多數黨通成一氣，則國會權能，實際上已占全部政制中最關重要之三之二。故國會實爲全體政制重心之所寄。若論五權憲法，則行政部分只占全體政制權重之五分之一，其活動機能實較英、美制度爲削弱。國會中之多數黨，縱與行政部分通成一氣，其影響於全體政制者，亦僅五之一耳。且於國會外別有立法院，此則於中國傳統政制中亦可尋得其痕迹。中國自秦漢即特設博士官參加朝廷之政議，博士官者，並不負政府實際行政責任，而僅爲一種自身具有學術性質的顧問與參議而已。隋唐以下，每遇政府大法律大政典之修訂編纂，亦多妙選賢才，擇其學識淵博者司之，既不必爲政府之大吏，亦並不爲社會普通之民衆。此亦傳統政治側重賢能代表之一種表現。近代政治法律各部門牽涉益形繁複，其所需於專家之通才特識者益甚。今於國會以外別設立法院，實有其與國會立法相輔互成之妙用。而要之五權憲法下之國會，其權能職任，較之英美政制顯見輕減，惟此並不妨於民主精神之發揚，此實中國傳統政制精神所在，其用意偏於賢能代表與直接民權之運使。

或疑中山先生五權憲法，於中國傳統政制固有所斟酌採取，然中山先生平日實無超黨超派廢黨廢派之言論，此層請再闡說。中山先生論政分軍政、訓政、憲政三期，並常謂國民黨乃一「革命黨」，此可見中山先生心意中之國民黨，亦與普通政黨不同。夫革命決非爲一黨之爭奪政權而革，革命運動亦可暫不可久，安有一國家一民族而可常在革命中過生活之理。故革命黨乃應一時不得不有之需要而產生，其本身即爲一過渡，其本質即是一公忠不黨之黨。一俟黨政完成，則革命事業便告終止，其時則革命黨功成身退，還政於民，此非公忠不黨而何？

惟革命黨還政於民，同時即是憲政開始，而中山先生之所謂憲政，則自指其及身所倡導的五權憲法之憲政而言。既爲五權憲法，則自將側重於賢能代表與直接民權。既主賢能代表與直接民權，則國會任務，自必輕減。國會權任輕減，則政黨活動之影響亦隨之削弱，此皆相因而必至之事。循此演進，使政黨政治漸失其重要性而逐步趨於超派超黨無派無黨的理想之境地，即所謂全民政治者是也。中山先生之所謂「還政於民」，其終極涵義必如此。

而今日一般國人之意見，則若謂召開國會即是憲政開始；還政於民即是開放黨禁；由國內各政黨公開競選，即爲民權。如此意見，純是根據英、美先例，此與中山先生之所謂憲政，實有其毫釐之當辨。當知召開國會，雖爲憲政開始題中應有之一義，而非題中僅有之一義。其尤要者，在中山先生之意，必爲切實完成五權憲法，並切實推行之，使能以賢能代表運用直接民權，以達於理想的全民政治，即我所謂超黨超派無黨無派之民主政治。惟有如此，始爲適合傳統國情，順應世界潮流，否則民國初年黨爭惡果，國人縱健忘，當能記憶。國步艱險，尚未見其所屆，政事爲國命所繫，吾人當本理論求實驗，不能漫談試驗即奉爲至高之理論。中國民衆四億五千萬，若以五十萬人得代表一人，國會議員當得九百人。此已不可謂不龐大。而今日之國民大會其龐大尤過之。以國人今日情況言，其對於政黨興味之不忠懇，其組織能力之不熟練，此皆不容諱飾。以最近鄉間舉一保甲長而引起之選舉舞弊，一切之一切，豈可謂較之民初，遽已遠勝。然則將此三十餘年來辛勤所得之政治基礎，而拱手交之國會，此龐大之匆遽集團，謂能勝此重大之付託耶？貪還政於民之美名，冒輕率嘗試之實險，忠於謀國者當不如是。

## 六

惟其間尚有一易滋誤會之事實所當指述者，中山先生謂訓政結束而後憲政開始，而今日之國民政府則早在訓政期間已先擺出一五院之規模，因此五權皆隸於一黨，此雖中山先生生前先已言之，然五權憲法究與一黨訓政不同，而在今日國人之心目中，乃若五權憲法與一黨主政，其間並無甚大之出入。此在中山先生初意，決不如是。依西方民主先例，司法權既獨立於黨派之外，則考試、監察、立法三權亦必當獨立於黨派之外可知。惟有行政一權，為謀推行之便利，不妨仍由政黨運使。然則政府五權，雖當同對國會負責任，雖當同受國會之監督，而不必牽連共同為進退。今日國會權能尚未確立，政黨發育尚未飽滿，中國政治既必向民主方向趨進，而同時又期求政治之易獲安定，則五權憲法縱退百十步言之，亦尚不失為一種過渡救時之良法。

故自國民黨言之，惟有五權憲法之確立，乃始爲憲政之開始。革命之完成，固不得僅以召開國民大會，解放黨禁，自己退處於普通的政黨競選，遂謂已盡其開始憲政還政於民之重任。而自國民黨以外之各黨各派，以及無黨無派之全國民衆言，亦不當僅以要求召開國民大會爲已足。當知今日國人所需者乃賢能代表與直接民權之全民政治，當進一步要求五權憲法之確定與實施，當要求考試、監察、立法、司法四權各各獨立，使此四權先能超然於政黨政治之外，而容許在野少數黨之賢傑，以及無黨無派之優秀分子以盡量之參加。若本此而論，則「五五憲草」，亦尚未爲真得五權憲法之精義。而最近所擬召開之國民大會，其代表之選舉，亦大有可資商榷者。

要之，今日中國政治之出路，惟有切實推行五權憲法之一途。苟非抱有一黨專政之野心，與夫食而不化，徒知模倣追隨外邦他國之已然先例者，當知此乃一種根據純學理之討究，而又切合於當前之局勢，抑且順應世界新潮流，適切中國舊傳統，實可循此以達於深根寧極長治久安之境地之惟一途徑。

（民國三十四年三月東方雜誌四十一卷六期）

# 二　選舉與考試

## 一

中山先生五權憲法，特設考試一權，其用意本爲防制選舉流弊。其言曰：「民選是一件很繁難事，流弊很多。因要防範那些流弊，英、美制度便想限制人民選舉資格，如規定必要有若干財產，才有選舉權。此種限制和現代平等自由潮流相反。而且單是限制選舉人，亦非補救好方法，最好只有限制被選舉人。如果被選舉人沒有一個標準，單行普通選舉，亦可生出流弊。議員或官吏，必要有才有德，從前中國官吏，經過考試出身，便算正途。在專制時代君主以用人爲專責，故能搜羅天下人才，考試尚非必需。今日共和時代，人民沒工夫去辦這件事，考試更是萬不可少。」又謂：「沒有考試，有本領人沒法知道，暗中便埋沒了人才。譬如舉行省議會選舉，要選八十議員，如定三百人候補，我們便在此三百人中選。若專靠選舉就有點靠不住。」又舉一美國選舉笑話，謂一博士與車夫競選，結果車夫勝利。此乃「只有選舉沒有考試的弊病」。（以上摘述中山先生「五權憲法」講演大意。）

故中山先生五權憲法中之考試權，不僅將用以考試官吏，抑且用以考試議員。議員或官吏必自考試獲得其初步之資格。若選舉省議員八十人，則先經考試，以三百人爲候補，再就此三百人中選舉之。推闡中山先生之意，凡政府所除各部官吏，亦必先經考試獲得其進仕之資格。如國會中某黨占多數，推舉其本黨人組織政府，亦必推舉其黨中之已經考試而獲得進仕之資格者，始爲合法。若連銓叙制度言，則必推舉不違背銓叙資格者始合。猶之各黨競選，各級議員亦必各就其黨人中之已經考試而獲得候補當選之資格者選舉之，此始爲考試權之獨立，此始爲考試權在五權憲法中應有之職任。

## 二

中山先生此種「考試」「選舉」相輔爲用之意見，求諸英、美並世諸邦，誠爲無此先例，故中山先生謂五權憲法爲其個人所獨創。然若求之中國傳統政制，則乃有不謀而合之妙。蓋中國傳統政制中之考試制度，本由選舉制度演變而來。易辭言之，中國考試制度本所以補救選舉制度之流弊，故謂與中山先生之理論有不謀而合之妙。

西漢時，中國則有選舉無考試。其時有不定期選舉，如「選舉賢良」。有臨時選舉，如「舉奇材異能」「出使絶域」或「通曉兵法」或「明習水利」之類。有定期選舉，如「舉孝廉」，孝廉初亦爲不定期選舉。「賢良」資格高，待遇優，「孝廉」則否，蓋賢良乃屬優秀人才與高級官吏之選舉，而孝廉則僅爲普通人才與低級官吏之選舉。故當時競慕賢良，不樂應孝廉，漢廷乃定孝廉爲按年之定期選，每一郡至少各以二人應，自後孝廉遂爲常選，而賢良諸科舉行漸少。

及東漢和帝時，孝廉察舉始勒爲定額，郡率二十萬口歲舉一人，四十萬二人，上至百二十萬六人。不滿二十萬，二歲舉一人。不滿十萬，三歲舉一人。此種選舉，既爲仕進正途，人爭趨之，流弊漸滋。至順帝時，乃爲限年，並加考試。一時名臣如黃瓊、胡廣、張衡、崔瑗之儔，競起誹議，蓋既爲選舉，而又加以考試，似爲不倫。然左雄在尚書，堅持其議不爲動，一時不敢妄選，號稱得人，以後竟亦不廢。此中國考試制度由選舉制演變而來，其用意在防選舉之流弊之歷史的明證。

惟漢代選舉，皆由地方官任其事，魏、晉之際，中原板蕩，地方中央失其聯繫，地方官亦極少能推行其政令者，選舉莫克遂行。時陳羣爲尚書，遂創「九品中正制」，此乃一種軍事時期之臨時制度，各就地方推舉名德，擇其現任中央大吏者，使兼爲本州之大中正，其下又各有小中正，各就其本州郡人物才行所宜，分品列狀，上之吏部，以爲政府用人之標準，此謂「九品官人簿」，實即一種人才調查表。故魏、晉以下之九品中正制度，其用意實仍沿兩漢地方察舉制而來。惟因軍事時期，地方察舉有所不便，故創此變通辦法。自有此辦法以後，吏部擇用人才，仍有一公開客觀之標準，而後上自朝廷，下至各軍隊，皆不得隨意援用其親私。故此一制度，在當時仍爲有莫大之效用。而推行以來，流弊仍不免，所謂中正者不中正，而九品官人簿漸漸變爲當時新興門第之護身符。其時門第勢力方盛，因而此制亦難驟易。

直至隋、唐統一，乃始正式有考試制度出現。此即所謂「進士科舉」制。自有此制，全國有意參政之人士，只須自寫履歷，到地方衙門請求應考，而不必再經地方官吏之察舉。故兩漢以下中國政府官吏之登用必經選舉，而隋、唐以下則不經選舉而改經考試，考試制度乃正式與選舉制度爲代興。然在當時政治上之習慣稱呼則仍目爲選舉，不謂之考試。故杜佑通典食貨第一，選舉第二，此謂經濟乃政治第一基層，而選舉乃政治第二基層，此種意見，正與近代意識相距不遠。而杜氏之所謂選舉，正自兩漢地方察舉下至隋、唐進士科舉，一串敘下，此又中國考試制度乃由選舉制度演變而來之一證。

惟其考試制度由選舉制度演變而來，故自唐以下，歷代考試，各區域皆有錄取定額。其在宋代，已有東南州軍百人取一，西北州軍十人取一之比差。此由東南經濟富，學術盛，應試者多。西北經濟貧，學術衰，應試者少。而政府則調和折衷，定一中數，使經濟低落諸區域，仍得於政府人員中佔有相當之比率。直至清代，此制未變，故經濟富學術盛如江、浙，經濟貧學術衰如陝、甘、黔、桂各省，科舉皆有定額，不使相差懸絕，故中國歷兩漢迄清末二千年，其政府官吏大率平均分配於全國各區域，不使有偏枯偏榮，此與近世英、美選舉議員以區域配額之用意亦復相似。故曰中國考試制度本源選舉，惟中國自古爲一廣土衆民之農業國家，非希臘、英倫之比，市民選舉之制既所不便，故轉而出此，是亦不失爲因地制宜之一道。

## 三

故自中國傳統政制言，則遠自兩漢以來，已有選舉制度。惟中國與西方異者，西方選舉議員，代表民衆，監督政府；而中國則直接選舉官吏，組織政府，行使政權，此其異一。故余謂西方民權乃「間接民權」，而中國民權則爲「直接民權」。

又西方選舉由民衆，而中國選舉由官吏，此其異二。此種異點，亦因雙方政治觀念不同，西方以政府與民衆爲敵體，故民衆代表必由民衆自選。中國則認爲政府與民衆爲一體，故官吏自身即爲民衆之代表，則選舉由官吏任之，自亦不見其違理。夫政府亦社會之一機構，官吏亦民衆之一分子。今試問何說而必謂其在社會則必佳，在政府則必惡？爲民衆則必好，爲官吏則必壞？若一爲官吏，一入政府，便成爲民衆之敵，便不足代表民意，則推理至極，自必造於無政府之境界而後可。安見西方之民主政治之遂遽爲盡善盡美乎？故余謂「西方政治爲政民敵立，而中國政治爲政民一體」。

或者將疑我説，則請舉一節以資證明。西方民權思想興起，國會創生，其初最要爭點即爲政府之賦税，必經民衆代表之同意，此由西國徵賦本無準的，政府與民衆情意本隔膜，故人民不得不奮起以與政府爭。若在中國，秦、漢以下，賦税即有定制，懸爲法令，著之史册，斑斑可考。固無如西方中古封建時代之横徵暴斂。其遇國家有不得已，改變税額，朝廷羣臣，例許各抒所見，以定從違。遠之如西漢民間賢良與政府財務大臣爭論鹽鐵政策之利弊，後之如宋代新舊黨爭，如青苗、免役諸法，當時荆公、溫公兩黨所侃侃而辯者，其立言陳義，莫非根據民生之利弊與夫民情之向背。正使宋廷召集民衆代表，其所陳述，亦何以遠異於當時新、舊兩黨朝廷官吏之所言？此因朝廷官吏本亦來自民間，政府與民衆本自相通一氣故。

此種分別，在中山先生民權主義之演講中亦已透露其消息矣。中山先生謂民權發達，人民便有反抗政府之態度，此即西方人從政民敵立之情勢下所産生之政治意識。又謂中國人常稱讚堯、舜、禹、湯、文、武，中國人常羨慕要一好政府，此即東方人從政民一體之情勢下所産生之政治意識。今試問政民敵立之意識豈必是，政民一體之意識豈必非？今日東西貧富强弱所以懸殊，亦自有種種因緣，種種關係，豈即由於此種政治意識上之雙方不同而致然乎？

中國傳統政制中之選舉制度，又有與今日西方選舉制更大不同之一點，即西方注意在選舉人，而中國則注意在「被選舉人」。漢代選舉孝廉，有其當時之不成文法，第一必爲國立大學之畢業生，第二必爲服務地方政府之僚吏之有經驗與成績者。地方官則採酌社會輿情，就此兩項資格中挑選，此爲漢人選舉之常規。蓋西方民主政治，起於小國寡民，又爲人口集中之都市，故可於選舉中盡量表達民意，並主選舉權之盡量普及。中國則既爲廣土衆民，而又爲散漫分布之農村，故主於選舉中盡量拔取賢才，又主被選舉者之盡量限制與盡量嚴格，此其異三。

中國既於被選舉人加以限制，而對主選者則任之官吏，較爲寬弛，故其流弊，則常爲主選者之不公。隋、唐以下，針對此一流弊，徑將選舉人廢去，開放考試，使有志被選舉者皆得自由投考，於是兩漢之選舉制遂一變而爲隋、唐以下之考試制。自此官吏主選者袒私舞弊之病遂獲革除，尚人的意義愈少，尚法的意義愈多。蓋中國傳統政制中之考試與選舉制度之更迭代興，正爲中國政制自「尚人」漸趨於「尚法」之一象徵。

然隋、唐考試，其先尚極公開，有所謂公卷與公榜者，此並採納輿情，不全憑考試一日之短長，而其間仍不免有流弊。於是宋代以下，糊名彌封，鎖院謄錄，種種關防，次第發生。中國後期考試制度之嚴密，可謂已盡法治之能事。至於所試詩賦、策論、經義、帖墨種種爭辯，其意亦只在如何而可以確得賢才。及其末流，乃有明代成化以下之「八股文體」產生，此固深可訾病矣，然論其制度演變之大體，其用意不外乎希望覓出一種智力測驗與心性測驗之良好標準，則固先後如一轍。

然則此東西雙方之選舉制度，果誰是而誰非，又孰優而孰劣乎？曰惟政治爲人羣最現實之活動，此只可辨異同，不當論是非。凡政制必與其民族哲學文化傳統相訢合，必與其社會背景歷史沿革相調和，惟當於不違其民族哲學、文化傳統、社會背景、歷史沿革下求不斷之改良與進步，以期不斷的推陳而出新。苟捨此而空論是非優劣，則實無是非優劣可言。古今中外，政制異同，亦至繁賾矣，然要之有兩大義爲一切政制所不能背：

一、在求如何使賢能登進。

二、在使賢能既踞高位，不致濫用權力以假公而濟私。

使能達此二境，此即爲一種好政制。在中國則有考試與監察制度，在西方則二者皆並任於國會。以西方政治之演進淺，選舉與監察，皆爲彼中所無，國會後起，乃攬之於一身。中國政治之演進深，遠在兩漢，已有選舉、監察制度，故中國可以至於晚近而無國會。若據此一節，便謂中國自秦以下，即爲專制黑暗，此可供辛亥革命前後一種隨宜之宣傳，固非歷史真相之定評。

今誠承認政制不能與民族哲學、文化傳統、社會背景、歷史沿革之全體違離太遠，則中國舊政制固有其作參考之價值，抑且有推陳出新之必要，中山先生之五權憲法，其可貴即在此。五五憲草凡公職候選人，必經考試獲得其資格，即所以限制被選舉人之標準。

抑猶有進者，一政治機關，苟其意義變，則其一切組織與地位亦將隨而變。西方初有國會，乃爲監督政府，與政府爲對立。惟國會乃爲民意之大本營，乃爲民權之根據地。故國會選舉，遂爲全部政制之中樞，亦爲全部民意所寄託。今若於政民一體之觀念與體制下而有國會，則國會之意義必大變，國會特表顯民意之一角度，特運使民權之一部門。官吏議員，皆人民也。政權治權，皆民權也。國會非與政府爲對立，乃與政府爲協調。國會與政府非爲兩種力之抗爭，而爲一種力之衡平。故國會與政府，同爲代表民意，同爲行使民權，何以於政府之外又要一國會，此乃祈求民意之於多方面道達，民權之於多方面運用，而尤要者則在求其內部自身相互間之衡平。故於全部政治機構中有國會，其用意在求全部政治機構內部自身之意見與權力之益臻衡平而協調，非在政府之意見與權力外，別求一國會之意見與權力，以與之相抗爭而敵對。

今若以此新觀點與新理論而創生新國會，則必與英、美諸邦國會成格，有所不同。若深究中國傳統文化與民族哲學之精義，則實當要求此種新國會之產生。中山先生「五權憲法」中已有監察一權，分去國會一部分之職權；又有選舉一權，限制議員候選人之資格。此在英、美觀點論之，或可有減削國會權力不夠代表民意之感想，然若從政民一體之新觀點立論，則一切當從全部政治機構中意見與權力之衡平著眼，即無所謂職權低落與不夠民主之嫌。考慮國會選舉法者，西方之所爭有所不必爭，西方之所忌有所不必忌，而推求其若何網羅賢才，若何道達民意，若是則已。

# 四

今再申述上義，政府與國會，既同爲代表民意，又同爲行使民權，故議員與官吏，亦當同經國家考試，不必專認選舉爲民意之表達，而不許政府之插手。又國會之在全部政治機構中亦以期求全部政治意見與權力之衡平爲宗旨，不必專憑國會爲與政府相敵對。故國會選舉，亦遂爲國家全部行政機能下之一種作用，與一種方策，並非超出於國家全部行政機能之上而別自有其他使命與地位。若果本此兩義，則國會選舉，除卻必經政府考試爲被選舉人資格之一限制外，實尚有可得而略論者。

「區域選舉」最先即爲西方所注重。其用意本亦在求全國各區域之衡平，惟依中國傳統考試制度之用意，則其謀取衡平之方法，頗有可以變通用之之處。如清代考試，各省舉人中額，規定江南一百十四名，內江蘇六十九名，安徽四十五名。浙江、江西各九十四名，此爲配額最多之省分。如廣西四十五名，陝西四十一名，貴州四十名，甘肅三十名，則爲配額最少之省分。甘肅三十名僅得浙江、江西三分之一。然使以當時經濟狀況文化情形論，則實際相距尚不止此。若使甘肅舉人與浙江、江西同等應試，以同一標準錄取，則甘肅當尚不能到達三分之一之比率。此乃政府一種衡平精神，借考試制度而運用表出之，故使全國政府人員中，甘肅人之比數，常能到達一相當之定額。凡中國二千年來之所以永保其完整之統一，使各地民衆常對國家有其永久不渝之向心熱忱，又全國各地經濟文化之差別常不致相差過甚者，要之此一制度無形中實有莫大之效用。民國以來，考試制度廢去，此種衡平精神一旦失掉，以目前情形論，除卻地方官吏不計，若以中央官吏與各地有關全國性之行政官吏而統計之，恐甘肅籍者決不能抵浙江籍之三分一。如此循而不變，則各地之差異，將愈演愈烈，勢將使某幾區域之國民在政府中之地位永遠落伍，此決非國家所祈求之現象。

今考試制度將復未復，官吏之選用，一時驟難矯正，竊謂正可於國會代表之選舉中稍謀救濟。偏遠省區，經濟文化水準比較落後，其在中央政府及有關全國性之行政人員中已佔甚少之數字，則不妨於國會代表之區域選舉項下增其比率，使各該區之民衆亦得多有參預國家全盤政治之機會，此即爲一種衡平精神，此於整個國家之福利上，實有莫大之影響。若專以代表現實力量計較，則此各區域，户口數字、經濟狀況、人才標準處處落後，其在國會中之代表名額亦必落後，此雖貌若公平，而實際不公平。正如英、美高唱民衆普選，高唱直接選舉，然求其底裏，選舉勝利者始終在資本貴族，故知衡平精神，貴能變通而用。循此原則，如蒙古、西藏以及國外僑民等項，其代表名額均可按此衡平精神之規定。又如今西南各省之有少數部族，若依普通選舉，則在各該省區内頗難有當選之人，此亦當斟酌採用衡平精神以爲之調節補救者。

或疑此種衡平精神，復與尚賢主義相乖，此殊不然。夫國家之尚賢精神，一面固重在賢才之拔取，一面尤貴於賢才之養育。如經濟文化水準較高之各省區，其有賢才，固已可以在各方面尋求發展。其邊省特區，經濟文化水準較低者，亦未嘗無賢才之挺生，而限於環境，其活動範圍，早已狹窄，政府以一種衡平精神，特加鼓勵，當知所取亦各地各族之才傑，而又加之以扶植與培育，此誠一舉數得之道。

區域選舉之外，又副之以「職業選舉」，此亦多方羅致賢才之意，而又不失於在各部門各方面尋求衡平之精神。惟此種衡平精神，仍可有變通用之者。竊謂私人資本之黃金時代，已成過去。將來之世界，必為國家計劃經濟與社會公共資本之世界。且中國經濟落後，若欲扶掖私人資本以與並世資本主義先進國家相抗衡，此之謂不自量。充其極，亦惟成為一種買辦資本與殖民地資本之地位而止。苟非羣策羣力，團結為國家之集體經營，不足以求國家民族經濟之獨立。抑且求之中國之傳統文化與民族哲學，私人資本亦斷不當容其發榮滋長。若本此觀點而論職業選舉，則將來凡屬服務於國營經濟事業之人才，其選舉被選舉權，當較私人自由職業團體，優予比率，此亦運用衡平精神之一道。又急公好義，懸為中國之古訓，將來私人資本，既仍有相當發展之地步，則莫如獎勵私人資本之樂善奉公。若規定各自由職業團體必須有若干資產若干基金成分之貢獻於公共事業者，始得參加選舉，此又活用衡平精神之一法。

區域選舉職業選舉之外，竊謂尚可有「學術選舉」與「名譽選舉」之規定。此亦多方求衡平之一道。社會不乏學術湛深，性行卓著，事業文章確有成績，而其人以種種關係，每不易爲區域代表或職業代表之當選人者。此非其人不爲衆人所知，或不爲衆望所歸，或其不足以代表民意，乃由於此種選舉順序，根本不適於此輩人之競選，此輩人亦自有安身立命之事業足資怡悅，乃亦不樂於參加此競選。因之國民代表中乃恆不爲此輩人留地位。此在並世英、美諸邦已有此現象，而中國之文化傳統與民族哲學又不許人以自表襮，自競爭，則此等人選，更將被擯。然今日之中國，其情形與英、美諸強不同。方當網羅全國人才共謀建設，此等人既爲社會表率，人羣冠冕，彼輩苟不樂於從政，亦當羅致之於國會，以領導一時之輿論。然若一任國民自由競選，則此輩人永無當選之望。當知普通選舉、直接選舉，亦未必足以代表民意之真趨向。而尤其在今日之中國，此種名譽選舉與學術選舉，或可稍稍補救其一二，此亦一種衡平精神之活用。此種選舉當特設規定，由法定之機關或團體提名及選定之。

今按民國二十六年四月立法院修正之國民大會選舉法，有由國民政府指定之代表一項。若依中國傳統政見，選舉本可由政府或官長任之，如兩漢之察舉，即由官長體察輿情而推薦，惟在當時，即有流弊，而今日之觀感，則猶若一經政府指定，即不得謂之民意者，此由政民一體之理論言之，固未必盡然，然不妨對此條文加以變通。竊謂政府對於此種名譽選舉及學術選舉之候選人，亦得規定有若干比數之提名，此或為一適當之辦法。

## 五

或者將疑此種辦法，皆不合英、美先例，不得為民主正規。則且勿論英、美政制是否足為民主楷模，當知彼我國情不同，豬魚鴨鷄味雖鮮美，或不適於病者。西方自自由都市興起，中產階級發展，始奮起要求參政。先則與王權結合以壓倒封建貴族，嗣則分黨相競，互求下援無產大衆以自張，逐步推盪，遂有今日普通選舉之盛事。政治並非科學，並不能外襲而取，迎頭趕上，故在英、美今日盡量求普選，或不失為一種美政；在中國今日而盡量求普選，則轉有不勝其弊者。且普選未必即是民意，即在英、美，亦大抵以政黨操縱輿情，以私人資本養育政黨。苟無私人資本之支撐，則政黨將失其營衛；苟無政黨之活動，則民衆將失其聯結。民衆散而無紀，築室道謀，尚無成理，發言盈庭，不成國是，故競選必以政黨為靈魂，而政黨不能無經濟而存在，苟非由私人資本支持，則必挾政府之公庫以自存。此則成為西方今日晚起之一黨專政。此皆一種經濟背景之潛勢力有以操縱之。

今論中國，封建貴族遠在戰國先秦，已見没落。其時奮起代之者，乃非工商資本勢力，而為自由講學之智識分子，此在當時則為諸子百家，秦、漢以下則謂之士大夫，故中國傳統政治，乃成爲一種「士人政治」。中國以士人智識代表民意，西方以商人資產代表民意，故西方終於成爲資本帝國主義之國家，而中國則有東漢以下之門第與隋、唐以下之科舉。蓋中國傳統政治，正在力求擺脫社會經濟勢力之操縱，因此亦絕不能有公開之黨爭，其所求以代表民意者，乃與西方走上一絕不同之路。其間是非得失姑勿論，要之歷史沿革顯有不同。

今人言民主精神，常曰「分而聽之則愚，合而聽之則智」，此固是矣。然若斯言果爲眞理，則歷史者，「參萬歲而一成純」，豈非尤爲合而聽之之大者乎？知輿情之不可忽，而謂歷史沿革可以不問，此知二五不知一十也。

今日之中國，並非如英、美然，先有社會私資產階級，乃起而向政府爭自由，爭政權。今日乃全國民衆希望有一好政府，能襄助人民造產致富。惟其人民無產，人民因貧得愚，故不知向政府爭政權，爭自由，並亦不能養長一大政黨以爲之發號施令。政黨活動必仗經濟，苟非有社會私產扶掖，則惟有盤踞政府，以公帑植私門。此則必成爲一黨專政。斷未有一黨主政，而許以國帑資敵黨以招自弊者。如是則敵黨亦惟有急求握得政權，俾可以公帑濟己私，如此則黨爭決不能上軌道，勢必由黨爭轉而爲革命。故中國若求上軌道之黨爭，其先導當爲求社會私資本之充盈。故以今日之中國而求效法西方，則非學資本主義之民主，即惟有學一黨專政之民主。然欲追隨資本主義勢已無及，中國經濟落後太遠，更不能望私人資本之抬頭。此非我政府意見所能爲力，世界商場之鬥爭情勢，決不許中國人有私人資本。然則中國社會無資本，政黨何所藉以自存，何所憑以自下而制上？勢亦惟有藉之政府，憑在上之力而制下，效法最近西方之一黨專政耳。然此又爲國人輿情所不樂，亦爲傳統國情所不宜。然則中國非自適國情，自創一新政制，中國政治之出路終將何在乎？

以上所述，雖距普通選舉、直接選舉、民主精神之高調若甚遠，然距中國之國情則較近，可由此以達於公忠不黨、超派超黨、無派無黨之傳統民主精神，故國會之職權與其選舉方法，儘可著眼於如何選拔賢才與如何平衡政權，於採用考試制度以限制被選舉人之資格以外，仍可多量採用特設機關或特定法人之提名制度與間接選舉，以減輕政黨活動之依賴。卻不必拘拘於必以普選直接選爲惟此足爲真正民意之代表，亦不必認爲惟此足以爲敵抗政府之武器。

（民國三十四年四月東方雜誌四十一卷八期原題名考試與選舉）

# 三　論元首制度

## 一

一國之政制，貴能不斷改進，尤貴能長治久安，抑且長治久安者，亦即求能不斷改進之先決條件。一國之有元首，乃爲一國政治組織之中心，乃全國民衆擁戴之最高象徵，乃爲各方向心凝結之萃集點。故一國之元首，必使極其尊崇，而又厝之安穩不搖之地位，此又爲要求政局安定之惟一先決條件。即在民主政體，亦不能違此定律而期求政治之安定。

中國傳統政制，爲近人訴病，莫過於其有一傳統之王室。然中國文化所以得緜歷四千年之久，又其間一統治安之日較長，分崩動亂之日較短，使人生得以甯息，文化得以長養，王室傳統，正亦有莫大之助效。蓋王室乃全國崇仰之最高中心，由此維繫各方之團結，政治一統，端賴有此。故王統之禪續，即代表政統之禪續。中國史上古代如殷、周，中世如兩漢、如唐、如宋、如明，其王室皆禪續二三百年乃至七八百年之久。惟其有此，乃有所謂長治久安，乃有所謂休養生息，乃有所謂發皇暢遂。

今考中國王室傳統所以得緜歷長久，正亦中國傳統政制之平衡妥帖，有以使然。今專就王位自身論，則王統之所以長久，舉要言之，厥有兩因。

一、王位繼承法之確立。

二、王室與政府職守之劃分，君權與相權互爲調劑之克盡其宜。

此二者，所由使王統久長，亦即所以使政局安定。此於中國文化緜歷，實大有益。今雖事過境遷，就加闡述，亦論史者之職，抑亦未嘗不足以供今日之借鏡。

## 二

中國傳統政制中之王位繼承法，遠在西周以迄春秋時代，漸已確定，由此而帝王身分，有客觀明定之標準。有客觀明定之標準則可以息爭端，不隨臨時事變而動搖。蓋中國王位繼承，主於傳子，傳子又主於傳嫡長子。故親屬而必爲子，子而必爲嫡，嫡而必爲長，皆所以使其標準之客觀而明定。於是中國王位，乃爲一線相承，此種一線相承，乃出人爲。若論親屬血統，則兄弟之與父子，豈非同一血統乎？抑且長子之與次子，男子之與女子，其間又何區別乎？故中國之王位繼承，乃超出於家族理論之外而自有其用意。

若論宗族血統，則其人之貴，由其族之貴。其人之所以得爲帝王，由其出於某族，凡其出於某族者，縱不能人人爲帝王，亦必爲公侯顯爵，無論長幼男女，苟出此族，皆貴人也。故出此族者，理論上皆可得登王位，其不獲登王位者，則不在其血統之貴賤，而在血統以外之條件所限制。此乃爲封建時代之思想。然中國傳統政制下之王位繼承法，則並不根據此理論。其人之得登王位，由其爲前王之嫡長子。王者之貴貴於其在政治上之地位，而不貴於其家族。故嫡長子繼統爲王，次子庶子則與平民庶人伍。王室之受國人尊崇，正以其爲王者之室故。室以王貴，王不以室貴。王位繼承，乃一「法理」問題，而非血統問題，此爲中國政治超出封建思想一重要表記。亦由此得免許多之爭論與糾紛。

元、清兩代，未能瞭此，故每遇王統紹續，爭釁橫生，而幾於牽動全盤之政局者，屢屢有之。蒙古政權之倏爾削弱，此亦一主因。即看西史，如羅馬帝制，以及中世紀以下奧、法、英、西諸邦，因王位繼承之糾紛而引起國內國外之戰爭與動亂者，亦指不勝屈。故知中國傳統政制下之王位繼承法，實有其不可抹撥之功績。

然中國政制，既不根據封建理論，以宗族血統分貴賤，則何不選賢與能，相與公推一聖哲才傑，奉之爲一國元首，而猶必守此父子相承之王位，其義又何居乎？曰：此就政治理論言，非不知尚賢選能之可貴；然就政治實際言，中國乃一廣土衆民之大農國，無論由民衆公選，抑由官吏互選，皆多窒礙。求賢不必得，而釀亂則甚易。古人之理想，以爲求賢之需，尚不如弭亂息爭之急，故捨彼而取此。然亦未嘗奉一君而肆其專制，故「君統」之外復有「相統」，「君統」代表一國之團結與持續，「相統」則負實際行政之責任。君位至高極崇，爲全國所尊仰，惟求其有客觀明定之標準，達於無爭而止，然亦不使負行政責任，庶可永崇勿替。宰相則務主得賢，其崇高不如君，而權任有過之。故不幸而相位屢易，尚不至於遽亂。君位之崇高，則不可以屢易，不幸而君不得賢，亦尚不至於遽亂，而宰相之人選則不可以不賢。此中國傳統政制用意所在，凡所以爲平衡調劑，利求其大，害忍其輕之委曲權衡之大較。

故漢代天子尚書，與尚衣、尚食、尚冠、尚席、尚浴合爲六尚，此僅宮廷一侍從，而相府分曹，則曰西曹、東曹、户曹、奏曹、詞曹、法曹、尉曹、賊曹、決曹、兵曹、金曹、倉曹、黃閣凡十三部，此即後世尚書六部之前身，蓋於全國事無所不統矣。此即當時由宰相負全國行政實際責任之明證。惟其如此，故遇天變，或朝廷有大事處理失當，天子常下詔切責丞相三公，丞相三公或至引咎自殺，而天子之爲天子如故也。此非天子之專制與不負責，緣天子既爲一國元首，若政事失當，或遇天變，社會人心驚擾，而天子亦引咎退位，此必動搖政本，多生紛擾。政局不安定，決非國家之福，故不得已而由天子一人超然脱出於實際責任之外，此亦利擇其大，害忍其小之一術。

此種政制之用心，下至唐宋，保持弗失。故御史僅得彈劾宰相以下，絶不能彈劾國君；國君有過失，僅許諫諍，不計彈劾，此乃國君之尊嚴。欲保國君之尊嚴，則不當使負實際行政之責任。國君既不負行政實際責任，故其所下命令，無一不當經宰相之副署。若不得宰相畫諾，天子詔勅即不得行下，故曰「不經鳳閣鸞臺何謂之勅」。若深論之，則詔勅本由中書，僅須天子劃諾耳。唐太宗謂中書詔勅或有差失，則門下當行駁正。可證由當時法理言，詔勅本由宰相，不由君主。故唐代大政令，由宰相熟擬，而天子印畫降出之。宋之政令則由宰相先具劄子，而後面取天子之進止。宋之相權顯不如唐，然要爲天子之政令，必得宰相之同意。宰相既握此草制與副署之權，故一切行政實際責任，亦由宰相代負。此在唐宋固然，即明代廢相，由尚書六部直接天子，則尚書六部即分負行政之實責。其時內閣，雖等於爲國君之秘書機關，然因中國傳統政制沿襲已深，故明代內閣之實際地位及其責任，亦與唐宋宰相略相仿，相差不甚遠。

細按中國歷代政制，惟滿清君主，始爲徹底之專制，其所以得爾者，蓋爲滿洲王室有其部族武力之擁護。其專制之淫威，雖甚慘毒，而亦尚不至於黑暗之甚，則因中國傳統政制，雖此君權相權衡平調節之妙用已爲破棄，而此外尚多沿襲，故最高政令雖常出之滿洲皇帝一人之專斷，而其下猶得彌縫匡救，使不致流爲大害。

故論中國傳統政制下之王室，其理論與習慣上之地位，亦與近代英國王室，約略相等似。至君權相權若何劃分，則並無明白規定，此亦如近人所謂一種不成文法。歷史上極多明君賢相，相得而益彰者；亦有雄主庸相，闇主能臣，雖不兼美，而猶得調節彌縫，不至於甚壞者。其例甚多。故君權、相權消長之間，亦至無一定，圓滑推行，頗亦有效。

惟中國傳統政制少一國會，宰相雖爲政府領袖，而無所依倚以自重，爲君者不常賢，或雖賢而不知大體，往往好奪宰相之權，而宰相苦於無所恃以自守。且宰相之任免，不聽於政府而聽於天子。其任命也，猶爲有一定之資歷，憑客觀之條例，天子未可全行私意，其罷免則不須一定之罪狀。故宰相與天子意見衝突，苟天子而愎諫怙非，則宰相無不敗。其不敗者，則權臣篡臣。且君統常數百年，相位則最久不過二十年左右。此爲中國傳統政制君權相權未能調節盡利之最大一缺點。要而論之，相權削，君權升，往往召亂；相權重，君權絀，常以致治。此則史册昭垂，可案而知。

## 三

今若本此歷史上粗大之教訓，案五五憲草中之元首制度，則竊謂有數端可資商榷者。

案五五憲草，第四章中央政府，第三十六條總統爲國家元首，又第四十六條總統對國民大會負其責任。第三章國民大會，第三十二條國民大會之職權：㈠選舉總統及其他。㈡罷免總統及其他。

本之上引四條，則五五憲草中之總統，其地位及約略相當於英國之內閣首相，由國民大會選舉之，亦得由國民大會罷免之，彼乃對國民大會負其行政實際之責任。竊謂此制之可資商榷者，在於總統地位之不穩固。因其地位之不穩固，而連帶有損於總統地位之尊嚴。一國元首之地位不尊嚴，則有損於國家之團結；一國元首之地位不穩固，則有損於政局之安定。此二者，皆非國家之福。英國責任內閣，雖可隨時由國會之不信任而引退，然其上尚有王室超然於政潮之外，猶無損於全國最高最崇重之莊嚴之屹立，與夫全部政局之穩定。美國大總統雖親攬全國行政實際大權，然既非國會所選出，亦不受國會之罷免，雖不能如英王之超然局外，亦尚與國會抗立不相下，不致受國會中政潮之牽動，如英倫之內閣然。今五五憲草中之總統，既由國民大會選舉，復可由國民大會罷免，其地位正如英之內閣首相，而又確然爲全國之元首，其上更無再尊嚴再崇高者可以維繫全國之人心以資團結與安定，此可商者一。

總統既對國民大會負責，既可由國民大會罷免，則總統而求安於位，惟有事事聽命於國民大會。此雖失總統之尊嚴，猶不失爲自全之一術。今案憲草第三章第三十條，國民大會任期六年。三十一條，國民大會每三年由總統召集一次，會期一月，必要時得延長一月。是總統僅有隔三年乃得一次聽取國民大會意見之機會。總統在此三年內，雖須對國民大會負責，而又無法聽取國民大會之意見。不幸而總統之措施，不得國民大會之權心，國民大會既無由表示，總統亦無由覺察，雙方隔膜，鬱久而發，三年以後，國民大會召集，不幸而齟齬橫生，更不幸而徑趨極端，對總統施用其罷免之大權。此既非總統之過，亦非國民大會之過，實因雙方隔閡疏闊，總統何由對國民大會真實負責，國民大會亦何由實施其監督與指導之權乎？此可商者二。

抑且國民大會會期一月，必要乃得延長一月，六年之內，最多亦只四月之會期而已。國民代表來自全國各地，於國家政事非所熟習，相互間亦少往還，匆匆集會，坐千餘人於一堂之上，何從實用其罷免之大權而無遺憾乎？若使國民大會濫用此無上大權，此斷非國家之福，然使國民大會而畢竟無力行使此權，是使總統有對國民大會負責之名，而無對國民大會負責之實。總統既手攬全國行政實權，平日不必聽取國民大會之同意，臨時又不存國民大會對之行使罷免權之顧慮，是總統之權實無限制，此亦決非國家之福。此可商者三。

然則增多國民大會之召集次數，又延長其開會期，遂可彌此缺陷乎？曰不可。英國內閣，雖由國會推選，雖得因國會之不信任而引退，然內閣亦有解散國會，重行召集新國會以聽取國民最後意見之權利。故英國內閣，雖必以獲得國會之信任與擁護爲原則，然猶不失其行政上之尊嚴與獨立，爲其猶有解散國會一武器，以與國會相對立，故由此可免於國會之專制，此亦英國政制一種衡平之精義。今案五五憲草，僅有國民大會罷免總統之權，無總統解散國民大會之權，則欲保持總統之尊嚴與其地位之穩固計，惟有減少國民大會之召集與縮短其開會期之一法，此不啻陽予而陰奪之。非然者，又何以免於總統之脅逼，國會之專橫？又非然者，總統尊嚴不足，地位常搖動，其所影響於國本政局者，又如何避免乎？此可商者四。

# 四

然而歷史無反顧，中國斷不能再有一國王，然則新中國之元首制度將奈何？其亦模倣美國之總統制，則如何？曰不可。美國以聯邦立國，其重心在各州，故總統與國會可以對抗平立而各不相下。抑且美國得地理之宜，建國於新陸，可以暫時超然於國際鬥爭之局外。又美國雖係新創，其人民則大部來自英法，自有其文化淵源與政治習慣。今我國幸得爲統一國家，若輕效顰美制，改爲聯邦，自趨分裂，而適當列强角逐之漩渦，殆無倖存之理。抑中國亦自有政俗，自有文化積業，模倣美制，必利不勝害。

然則新中國將來之元首制度將奈何？曰：衡之以國情，揆之以政理，參之以並世列邦之利害得失，莫如尊奉元首，而不使負行政實責，略效英倫王室內閣分立之制。即元首者，乃受全國之尊崇，而不受其質詢與斥責。元首者，乃以代表國家，而非肩負政事。故元首必超然於實際行政之外。惟其爲全國之最高位置，故亦爲全國之最尊嚴者。國家大政令，必由元首出。而元首又不負政治實責，故元首之政令，必經政府其他有關之各院各部長官之副署。元首不得徑自出命，元首不得直接處理政事，此正表示元首之尊嚴。奏假無言，時靡有爭，予懷明德，不大聲以色，此爲元首之政治地位，亦即元首之政治作用。庖人不治庖，尸祝不越樽俎而代之。尸祝固尊於庖人矣。既尊元首，則不當瀆之以實際之事任。元首者，舉國之所仰望，政治重心之所寄託，一躋其位，不動不搖，四時行，百物生，彼則正南面恭己而已矣。此爲中國傳統之元首觀。亢龍有悔，大易所戒，故元首以不任事爲原則。

曰：如此，則寧非尊元首於偶像之崇拜？曰：是不然。或曰：元首不受質詢，不負責任，而處最尊嚴之地位，是否將爲帝王之復活？曰：是亦不然。何以元首異於偶像？夫元首不負政治實責，乃所以尊元首之地位，而非削元首之權任。全國最高命令，必自元首出，尤著者，如公布法律，宣戰媾和，締結條約，五院院長之任命與罷免，此皆由元首。全國政事，雖由五院院長分別行使，然五院間之聯絡與衡平，其權皆在元首。元首既不負政治實責，故得超然事外，曠觀玄覽，心清神足，以其高年劭德，楷模百僚，導達其窒礙，而消解其結塞，潛移默運，裨補實大。遇政府有大爭端，社會有大事變，元首之左右向背，可以決國家之命運，蕩蕩乎民無能名，烏得謂之偶像？何以元首異於皇帝？皇帝居其位終身，又以傳子孫；元首任期六年（此據憲草），期滿則蕭然高蹈，連選得連任，然亦十二年而止。爲元首者，既得全國崇重，苟非喪心病狂，何至妄覬爲帝王？且元首命令，必經有關各院長官副署，全國政事，各有司存，元首僅居虛位，三十輻共一轂，而元首當其無。元首亦何能妄效帝王乎？所以崇元首而尊極之，此乃激發人民愛國熱忱，崇德至意，教忠教敬，獎羣獎睦，不得疑妒於此而輕譏斥。所貴於民主政體與平民精神者，貴其爲民有民享民治，元首乃民衆中尤聖哲尤才傑，而得民衆之擁護與信仰者；非謂服務政府，即等公僕，必使人人得而訶問之，彈斥之，乃以爲民主政體與平民精神。

## 五

若本此而論一國元首之體制，今憲草第四章第四十七條，中華民國國民，年滿四十歲者，得被選爲總統，此一條亦當修正。竊謂當年滿五十，又曾任職各院院長三年以上或前後幾度任各院院長在五年以上，卓建功績，品高德尊者，乃得膺總統選。蓋總統爲一國元首，稱其德不稱其力，年耆則信孚而望協，又必曾任中央政府要職，閱歷已深，乃可不陳力而服人。階資既崇，體制自嚴，蔚然鬱然，必先之以養望，亦可免於奔競。又總統既以德望鎮羣倫，固不當責其自炫自媒，爲公開之競選。當由憲法特定提名機關。每屆選舉，提候選者若干人，再由全國民衆以間接選舉法舉出之。何以總統不由國民大會選舉，而改由國民全體之大選乎？緣總統既不對國民大會負責，而總統以下尚有五院，皆須對國民大會負責者，獨總統巍然高出於五院院長之上，故不由國民大會舉出，而改由全國國民之大選，此亦表示元首體制之尊嚴。既由國民大選，何不用普選與直接選舉，而尚須提名與間接選舉?曰：總統雖尊嚴無上，而不負行政實責，年高德劭，勳名既立，已有客觀之標準，爲全國輿情所協戴，故總統選舉，不在選拔賢能，而在崇重勳德。今日國情，全國直接普選，尚多不便，提名與間接選舉，既表鄭重，亦省紛擾。如此並可免政黨之操縱，而謙德不遑，遜讓若不勝者，仍可榮膺元首之選，此始不虧元首之尊嚴，欲與傳統國情，羣所觀感不相違越。

然則元首與五院院長職權之關係當若何?曰：五院院長皆當由總統之任命與罷免，而復各自對國民大會負其責任。元首之與國民大會上下一體，如三角形，國民大會其底邊，元首則其頂角也。如圓錐形，國民大會其坐圈，元首則其尖頂。元首代表國家，國民大會代表民衆，民衆與國家，則義屬一體，元首之不預實際政事，亦猶國民大會之不與實際政事，二者皆至尊無上，故元首非叛國或大貪污，則不受彈劾。今憲草立法、監察兩院，皆由國民大會選舉，不由總統任命，竊謂五院義屬一體，不必强分彼此。其院長皆可由總統任命，其兩院之委員，或由國民大會選舉亦得。其院長，或即就所選委員會中人任命之，或在委員外任命之，皆無不可。惟此兩院院長之人選，宜以不隸黨籍者爲主，庶可超然於黨派之外，漸以養成政治超黨之精神。至國民大會之集會，當以每年開會一月爲宜，否則告朔之餼羊，何貴有此國民大會。

又憲草本有副總統，聞近議復主取消，謂副總統既不任職，可勿虛立。蓋憲草原意，本以總統負全國行政實責，其事任略如責任內閣，則行政院長已嫌與總統事權相重沓，故頗有主以總統兼行政院長者。憲草主張總統缺位，逕由行政院長代行職權，不設副總統，亦可免疊牀架屋之弊。今主尊總統位望，超於實際國務之上，行政實責由行政院負之，如是則五院平等，各有職守，何獨總統缺位，必由行政院長代理，抑且行政院長重在能，總統重在德，行政院職權，關涉全國行政事宜，易受國民大會之質詢，總統端拱默化，義不受詰，以行政院長代總統任，非所宜。總統之選既以德望，不負實責，其德望相比肩，名業已高，又願小休，不樂當政府實職者，可設副總統位爲其優游迴翔之地，亦得備總統之周諮襄贊，遇總統缺，則副總統代理之，此條似可留。

（民國三十四年五月東方雜誌四十一卷十期原題名論元首）

# 四　地方自治

## 一

孫中山先生理想中之憲政開始，本以地方自治之完成爲條件。地方自治乃民主政治之基礎，尚不能自治一地方，而謂能自治一國，古今中外，殆無此理。

西方民主，淵源古希臘，當時乃爲市邦政府，以近代目光視之，即一種地方自治。盧梭民約論，亦謂民主政治宜於小國寡民，蓋民主即變相之地方自治，即地方自治之擴大耳。英、美爲近代憲政楷模，然英倫乃一島國，除卻蘇格蘭、愛爾蘭，壤地更狹，故特適於民主政治之生長。又其先盎格魯薩克遜人侵人英土，彼時即有村鎮自治。其後又經諾曼王室之封建，蕞爾小國，復經分裂，然其代表會議制度，即由此種疆土割截，中央政權不集中，地方自治較占勢力之環境下，逐漸造成。美國起原乃爲十三州之邦聯，此亦一種變相之地方自治。故知近代西方民主政治，皆由地方自治演進。

中國自古爲一大陸國，秦漢以下，郡縣一統，集權中央，此於民主政治之發展特爲不利，然中國傳統政治，所以猶不失爲富有一種民主精神之政治者，歷代看重地方自治，亦其一因。今後之新中國，果欲向民主之途邁進，果求爲民主政治安奠基礎，則首當切實厲行地方自治。否則沙上築塔，顚覆可立待。

惟中國地大民衆，土風習俗，文教材性，南北東西各有不同，經濟所宜，山川物產，影響人民生活者，亦隨地而殊。欲求推行地方自治，而又無傷於國家之統一，中央之治權，此當上溯傳統國情，旁考列國現勢，爲全國各地之地方自治先定一大規模、大綱領，使國人先有一共同目標，然後各就鄉土所宜，向此目標趨赴。中央行政，除努力督促輔助此種地方自治之共同大目標之推進外，其他一切政事，亦必以不背此地方自治之大目標之推進爲主。如此一二十年，使全國各地方自治規模粗立，綱領略備，然後眞正之憲政乃有可言。

今則皆爲草創時期，惟求統一不破壞，政本不搖動，使地方自治得有滋生長養之機，足矣。若忽此不顧，高論民主，輕啟爭釁，羣相注目於中央與上層，忽略地方與下層，徒爲競利奪權者藉口，終走不上民主正道。

欲爲新中國理想的地方自治提出一大規模大綱領，則有一事首宜注意者，即是經濟武力與文化之融凝一體。中國今日大病，在貧在弱。使貧弱不治，斷不足以自立於今日之世界，更何論夫民主？故中國之新政治，首當求富求强。新中國之理想的地方自治，亦必最先以求富求强，自生自保爲目的。中國傳統文化，則偏於大同太平之理想境界，於富强多所忽。然求富求强亦自有弊，資本主義與帝國主義，雖爲近世歐西文化之兩大骨幹，亦已爲現代全世界文化之兩大威脅。循此以往，舉世皆當轉嚮，否則人類將無寧日，文化亦必窒息以死。中國斟酌傳統國情，針對現世潮流，當以近代歐西之富强政策，與本國傳統文化理想相配合，相調和，求其經濟、武力與文化之融凝一體，而納此於地方自治之規制中，使之深植基礎，再由此上映於整個政治之全體，此始不失爲新中國之百年大計。

## 二

中國當春秋戰國時代，雖或已有地方自治之雛形，然亦僅爲封建時代之地方自治。如周官及他書中所述，則大率在封建將破壞時，爲一輩學者所想像之「烏託邦」，非盡史實也。然秦漢以下，則地方自治確可指說。其時鄉縣三老，皆由選舉，得與縣令、丞尉以事相教，此即一種官民協商與官民合作。鄉縣三老並得對天子王侯直接言事，其地位不爲卑下。又兩漢郡縣掾屬，例以本土士人充之。太守令長辟署掾屬，又必尊重其鄉土之輿論。又往往郡縣實際政事皆由掾屬操之，太守令長臥治而已。故曰「汝南太守范孟博，南陽宗資主畫諾；南陽太守岑公孝，弘農成瑨但坐嘯」。今據漢碑傳世可考者，知兩漢地方政府，分曹極密，體制極宏，郡縣吏屬，殆有多至一二千人以上者。其時又庠序棋布，學校林立，學者皆先由鄉邑爲幹佐小吏，積至文學功曹，乃得察舉人才秀異，爲公府所辟，遷爲牧守，入作台司。故兩漢人才皆從地方自治出。而地方自治則注重學校教育與鄉邑清議，宜乎兩漢吏治之美，冠絕後世。而漢代國力之隆，治化之蒸，大率本於此矣。惟其地方自治之權重，其敝則有朋黨與門第，此亦略如近世西方民主自由政體下產生政黨之與資產階級。

魏晉以下，門第方張，社會有特殊階級，則自治無可言。而郡縣政治亦相因頹替，此雖唐代亦不免。較之兩漢，遜色多矣。鄉官廢於隋，唐代雖有里正鄉耆老之置，特以供役，不足言自治。其州縣用人，全出吏部，選舉廢而考試興，政治重心在中央，在上層，不在地方與下層，其所爲與兩漢異，此實中國政治史上古今一大劇變，不可不知。自魏晉以迄隋唐，復有與門第崛興相隨而起者一事，則爲宗教勢力之旺盛。蓋民衆既失其自治之能力，則統治寄諸貴族，而教貧救愚仰之宗教，此亦中西史蹟演變一相似。

宋代以下，門第勢力因考試制度之演進而消失，宗教亦遂失其存在之因素。然中央集權之政治趨勢則愈演愈烈，政治重心逐漸集中上趨，而社會下層又無貴族與宗教特殊勢力之存在，平民無所仰賴。當斯時，則地方自治之需要乃更迫切。故宋、明學者莫不重視此事，地方自治遂亦重有起色。惟兩漢地方自治已成爲政治制度之一環，而宋、明之地方自治則僅爲一種社會事業。惟其兩漢之地方自治爲一種政治制度，故上下一氣，其收效宏而速。惟其宋、明之地方自治爲一種社會活動，故上下不能一氣呼應，抑且時有扞格阻礙。然而主持其事者，則更見有民胞物與公而忘私之精神。中國今後之推進地方自治，竊謂當本宋、明學者精神，再上求兩漢制度遺意，庶乎兩全其美。

宋、明時代之地方自治，舉要言之，厥有數端：

一曰「社倉」：此有關於經濟方面者。

一曰「保甲」：此有關於武力方面者。

一曰「書院」：此有關於學術文化方面者。

一曰「鄉約」：此則地方自治理論之宣揚，蓋屬於精神方面，心理方面，與前舉三者必相輔成事。

前三者乃其分目，後一者爲之總綱。鄉約者，即當日地方自治團體一種精神之憲法。

## 三

今試根據兩漢、宋、明之地方自治，爲將來新中國理想的地方自治粗擬一輪廓。竊謂中國以農立國，不僅過去如是，將來亦復如是。使中國而急速工業化，仍將爲一經過工業化之農業國家。蓋惟自己農業無可發展，乃不得已而純趨工業，乃不得已而仰給於國外之原料與出產，帝國主義與資本主義皆由此起，以工商配合而濟之以武裝之侵略，以殖民地之農業與原料，補本國之不足，此種立國條件，將成過去。惟有以工農相配合，庶可自給自足，國內日趨繁榮，國外可保和平，富强僅求自保，不爲侵略。今舉世具此天然優越條件者，惟美國、蘇聯與我而三。我國既自古爲一農國，將來立國之新經濟方略，斷無偏向工業，轉不以農業爲基本之理。故新中國之民主政治，必以地方自治爲始基，而新中國之地方自治，則當以農村繁榮爲首圖。將來新的自治農村之產生與完成，必具三要端：

一、必有智識分子之領導。

二、必有有組織的自衛武力。

三、必有自足自長之經濟機能。

此爲自治農村之三條件。故凡一自治農村，必具備下列三機構。

一、村學：此屬教育方面。古者有鄉校，有里黨之塾，宋代有書院書塾，明代有社學。今日則求智識分子回到農村，普及教育，掃除文盲，農村文化水準提高。

二、村團：此屬警衛方面。古者有邱甲，有州軍，宋代有保甲，明代有團練。今日則求寓國防於農村，以組織民衆代替整軍經武，文武合一，全國皆兵。

三、村倉：此屬經濟方面。古者有公錢、有國穀，漢、宋有常平倉，隋、唐有義倉。今日則求社會經濟日趨平衡，天下爲公，老有終，壯有用，幼有長，各盡所能，各取所需，矜寡孤獨廢疾者有所養。

凡一自治農村，必先備一農村小學，凡子弟皆入學，受八年以上之國民教育。又自編一農團，凡壯丁皆入隊受訓練，平時保衛本村之治安，國家有事則充兵役。又自立一農村公積倉，按每户經濟實況，比例徵税，爲地方公積。平時爲本地救孤恤貧興辦一切慈善事業，臨時爲公私保險，有餘力可作公共投資，興發本地方之公益企業。此三者包括教育、警衛與經濟三端，爲地方自治之三基業。其工廠所在地則編工團，商業小市集則編商團，工商業區域，可改公倉爲公庫。其學校教育亦得視各本地農、工、商生活需要而大同小異以爲適應。

先有地方自治三基業，然後着手組織自治委員會。凡一自治單位之委員人選當如下列：

一、校長及副校長：每一村學校必有校長一人，副者一人，此相當於漢代地方自治中之三老，職教化，爲地方自治之教育代表。

二、團長及副團長：每一農團或工團、商團，必設團長一人，副者一人，此相當於漢代地方自治中之游徼，爲地方自治之警衛代表。

三、倉長及副倉長：每一公倉或公庫，必設倉長或庫長一人，副一人。此相當於漢代地方自治中之嗇夫，爲地方自治之經濟代表。

校長、團長、倉長，皆由地方民意公選，其副由校長團長倉長推薦，得公意承許者任之。最小之自治單位，即以校長、團長、倉長三人組成委員會，副者得列席會議，佐助推行，有參議權，無表決權。地方自治事業，皆由此委員會發動主持。委員人選一年爲期，連選得連任。其有不稱職者，得由村民公會罷免之。其地方區域較大不止一學校者，可另設地方教育委員會，以教育代表三人以上組成之。其農團、工團、商團一地並有者，可設地方警衛委員會，亦以三人以上組成之。經濟委員會亦同，其地方自治委員會亦得隨量擴大人數，由地方公意變通之。

村自治之上爲縣自治，村自治爲地方自治基層之第一級，縣自治爲地方自治基層之第二級。村自治設委員會，縣自治則設縣議會，爲代表民意機關。縣議會由村自治會互選而成，亦得分別設縣教育、縣警衛、縣經濟等會議。村自治不設村長，即以委員會互推一人爲主席，即村長，其餘二人則爲副村長。縣設縣長，由縣議會公選，由縣長自辟僚屬成縣政府。縣學校與村學校同屬地方教育，由縣民自主之，其範圍以國民教育與職業教育爲主，亦得創辦人才教育與文化教育，如古之書院自由講學之類，此當視地方人才與經濟能力以及地方公意而決定。縣團練與村團練同屬地方武力，亦由縣民自主，主任地方之警衛，惟同時即爲國家武力基層，爲全民兵役之第一級服務，國家得隨時抽調編制爲正式國防軍。縣倉庫與村倉庫，亦同屬地方經濟，亦由縣民自主，爲全縣之公積與保險，並得用之於公共企業之投資，惟以不與國家企業相重複衝突者爲主。

地方自治事業止於縣，省政府則代表中央，而與地方自治連繫，省長由中央任命，惟應設省議會，由縣議會選舉之。現行省區則須縮小，略如漢郡、唐州，一以求中央統一之加强，一以求中央與地方接觸之加親。

# 四

今按上述制度之用意，一者在求排除以資本操縱選舉之富人政治，一者在求排除因富人政治之反動而激起之農工無產階級專政，並將區域代表與職業代表融通爲一，又無取於個人主義。即以自治單位爲選舉單位，去私去我，尚公尚羣。此種政制，則以農村自治爲基點。

欲求農村自治，首當提高農民智識，而更要者在提高農民之生活經濟。必使農村經濟繁榮，而後可求農村智識之普遍；亦必農村智識普遍，而後農村自治始有希望。欲謀農村繁榮，首在灌輸新工業，改良耕作，擴大製造，而尤要在平均地權，使耕者有其田。然後相南北土地所宜，或提倡集體新村之大農制，或提倡農村合作。而方事之始，其最要者，厥爲農村自治經費之籌集。竊謂國家當以全部田賦或全部田賦之幾成，劃作農村自治之經費。先規定一稅收比額，其小耕農貧户則豁免之；其中耕農差能自給者薄斂之；其大耕農堪溫飽者，依所得累進比率多收之；其地主不勞而獲者，重徵之；其雇耕苦力則由自治公積借貸匡助之，使得漸達於自力營生之境地。中央定一大體，再由各省政府得省議會之同意，各就地方實際情況，依照中央原則，斟酌變通之。縣之於省亦然。法既定，皆由村民自主之。保留其所應得，而呈繳其應納於政府者。昔自兩漢之嗇夫，下至明代之糧長，國家田租，皆由民間自收自解，不聞有舞弊與不克盡職者。農民雖樸野，然於稼穡收成，則方方數十里間，孰盈孰絀，人人能詳，窮村僻壤，只須一倉長主其事，由校長、團長之協同，公開其帳目於村民公會，絕無弊端可弄。即富庶如江、浙、川、湘，農田千里，稻穀盈野，然村村而劃之，一村之人管理其一村附近之田租，絕不至於不勝任。其土豪劣紳，違法抗租，得由村會糾舉。其田連阡陌者，各村會或相互糾舉，或連合糾舉，又有政府特派督導自治專員臨視其上而爲之審理，事無不辦。只政府今日下一令，明日之全國農民，已莫不有欣欣重享其地方自治之樂趣，鼓舞人心，作之風聲，事莫捷於此者。

行此十年，地主坐收租入者，莫不願出賣其田畝，別謀生計，而耕者有其田之理想實現矣。又厲行累進稅制，多田則多稅而加重，少田則少稅而減輕，不二十年，新井田制之理想亦得實現，地權自均，民生自平，農村自繁榮，自治自完成矣。其工商市集，亦推此例，由中央指定某項稅收爲地方自治經費，由公庫長收管之，將來爲適應於新的戰爭局面，新興工業皆當散處農村，不得集中成大都市。又厲行節制資本，提倡各種合作事業，商人將不占重要地位，新農村代替新都市，大農村代替大都市，故農村自治實爲新理想的地方自治之最要細胞。

其次請言教育，亦由國家頒一寬大之政令，各地均得隨宜變通。要之，以人人得入學讀書識字爲原則。其村中暫無教師資格者，得自延聘於鄰村或近縣。教師居其村兩年以上，即可取得其籍貫，加入其村自治會，或膺任其村校長之選。其學校教本或由省頒，或由縣定，皆無不可，其課程標準，更不須一律。中央教育部省教育廳只主持大體，實際督導則由縣教育會議負其責。大抵小學教育，每縣皆可有伸縮；中等教育，各省皆可有伸縮。今國家庶政草創，惟貴視其後者而鞭之，教育尤貴自由，不必如束濕薪。各就本地經濟、人才、民意所樂，各自趨赴，此乃地方自治一大節目。兩漢之三老，爲地方自治之首領，即主教化者。宋、明以下之地方自治，其中心實在書院與鄉約。必有士人與自由思想，地方自治乃有靈魂。若專求經濟自治，則必有無產階級專制之流弊。若教育由國家嚴格統制，則又必有法西斯、納粹集中訓練之流弊。當知西方地方自治單位，亦往往爲一教區，惟由政治與宗教爭權，乃將教育事權收歸政府。中國本無預聞俗事之宗教專制，又傳統政制重考試不重教育，以教育理應由民間自由。故新中國之國民教育制度，必以改歸地方自治爲適宜。

其次再請言社會武力。中國社會之無組織，無武力，亦非自古皆然。漢代全民皆服兵役，郡國每歲九月都試，即大操演也。北周、隋、唐之府兵，宋代之保甲，明代之衛所屯田，其制度細節不能盡同，其寓兵於農，如管子所謂寄軍令於內政，則先揆後揆一也。元、清以部族專政，始嚴禁社會有武力。然清自嘉、道以還，部族統治失其强力，仍不得不借助於地方自衛，以暫弭叛亂。湘淮軍之興起，遠師明代戚繼光遺制，亦用地方團練精神而微變之耳。可見中國民衆，非不能有組織，非不能有武力，惟政府不加倡導，抑且不知利用，又從而摧壓之，遂至變形發展，成爲江湖之秘密結團，轉爲社會害。

茲值八年大戰，全國各農村創巨痛深，正當因勢利導，使武力蓄於平時，一洗靡靡積弱之風。軍隊雖當爲國家所統率，警察公安，大可轉移於地方自治。漢代游徼，本掌盜賊，一地方之治安，由一地之警察自負之。又當使民間普遍有輕武器，民衆有武力，不僅足以抗外敵，亦且足以助內治，雖有欲脅逼釀亂者，亦將無所施其技。

此種自治基業，其先皆有需於政府之督導，此當由中央定其大綱，而省政府負實際督導之責，分設教育、經濟、警衛三督導團，分別督導，又獎率各村各縣每年開比賽會互相觀摩，如大遊藝會、大博覽會、大運動會等是也。省督導縣，縣督導村，若使全國各縣各村，皆得盡量自治，自省以上之行政，則務取中央集權，務取權能分職，無事乎多爲牽制，多設猜防。當知全國民衆均已富足武强，聰明智慧，中央苟不得民情，國民何難爲之更置，安取乎支離割裂，預設猜防牽制，以自削政權運用之功效乎？

# 五

嘗竊論之，政治者，自上言之，乃對下之一種教育而非手段；自下言之，乃對上之一種義務而非權利。故言地方自治，此非在上者對下開放政權以謀妥協；亦非在下者對上爭取權利以獲自由。若僅此之爲意，則自治亦終不過爲上下爭衡之一局耳。故言自治，必舉積極具體之目標，約而述之則有三端：

一、造產。

二、興學。

三、整軍。

在上者督導自治，乃爲對下之教育；在下者爭取自治，乃爲對上之義務。而此造產、興學、整軍之三者，當徹上徹下，懸爲政治之三大綱；而此三者，尤必爲公不爲私，專以靖獻於大羣。國家之與鄉里，皆公地也；政府之與自治，皆公事也，絕非個人主義所容蔭藉以活動。此種地方自治之新理想，儻獲實現，則將來之選舉法亦當變更，以一自治單位爲一投票單位，更不許以私人權利爲投票之張本。而每一單位投票之比數，則以其自治單位中入學子弟數，入團壯丁數，及入倉公積數爲比例。服務公益有成績者，始得預聞公事，此當懸爲民主政治一大理論，以痛洗個人主義的民權論之積病，而私人資本與政黨活動亦將不復存在。如此之新民主，則必以新的地方自治植其基，即以新的農村自治奠其基。

## 六

今試再略陳相應於上述新理想的地方自治三基業之中央應有的特設機關。上述地方自治，既以造產、興學、整軍爲三大綱，中央亦當分別設立與此相應之最高機關，以求上下一氣，彼此呼應。

一、教育文化方面：中央應設國家文化學院，其最大之任務有三：

㈠對本國傳統文化提倡作高深之研究，凡歷史、哲學、文學、藝術、宗教、法律、政制、禮俗各部門皆屬之。

㈡對國內現實狀況，不斷作精詳之調查，各地社會風氣，民生利病，一切有關教育文化範圍者皆屬之。

㈢對世界各國新舊學術政治，不斷作系統之考察與介紹，派遣遊學及翻譯等事均屬之。

隸屬於此國家文化學院之下者，應有研究院，有編譯館，其他如國史館、圖書博物館等亦可隸屬。

二、警衛國防方面：中央應設最高國防研究院，凡海、陸、空三方面國防設計，兵工製造，戰鬥學術，訓練方法，及全國警衛事務之通盤籌劃等，皆屬之。

三、經濟建設方面：中央應設中央科學院，凡純粹理論科學以及各科學之有關國家建設方面者，皆分別作專門之研究。又附設中央設計局，網羅各部門專家，為國家各項經濟物質建設事業作經常通盤之設計。

上述各機關，一面為全國各地方自治三基業之總神經樞，一面又當與政府及學校雙方取得緊密之連繫。此三院不負實際行政責任，而對全國政治應有建議與參謀之責。國家大政令應先分別諮詢此三院之同意，俟逐漸演進，全國政事，由此三院會議發號施令，以學術關係代替官僚組織，此始為理想的民主政治之極致。

（民國三十四年六月東方雜誌四十一卷十一期）

# 五　論首都

## 一

一國首都所在之選擇，雖非一種政治制度，而實與其一切政治制度有精神上內在甚深密之關係。中央政府如人之頭腦，發號施令之所自，其所在地必安穩而又靈通，其於全身，必在極衡平之地位而又能警覺，此就其外在的條件而言者。若論其內在的條件，則居移氣，養移體，首都所在地之一切物質環境，其影響於整個政府之精神方面者，蓋甚微妙而深摰。北宋都汴京，終成積弱；南宋都臨安，遂竟偏安，此不僅自然地理之形勢使然，亦於人文精神有莫大隱力。五五憲草第一章第七條，中華民國國都定於南京，此特一時權宜，未可遽勒爲定案。國人討論此事者，頗不乏人，不佞於三年前曾草戰後新首都問題一篇，刊於思想與時代雜誌，主張戰後新首都應遷西安。鄙文一出，時賢對此問題討論甚趨熱烈。有主西安者，有仍主南京者，有主北平或武漢者，其他主張不遑列舉。凡所論著，向背互陳，利弊得失，可以並觀，亦既朗若列眉矣。而區區之意則尚有不盡於曩文者，請再就所未及，約略而陳之。

竊謂國家首都地位之選擇，此乃立國百年大計，必與其整個國策相配合，換言之，即當與國家前進之動向相配合，而不專以目前現勢與靜態為標準。若論交通條件，則將來之交通建設，正當以新首都為中心，不當以將來之新首都遷就目前之交通現狀。若論建設憑藉，則新首都正待建設，更不當遷就現成建設而決定新首都之地位。抑且將來之新首都，為防戰爭空襲，集中轟炸，亦決不宜以舊式都市為理想。惟其赤地新建，故柏林之規模較之倫敦、巴黎為尤合於現代化之理想，然已非所論於今日。今日之大都市，當求其鄉村化，又當求其要塞化，渭河兩岸，南抵終南秦嶺，北依九嵕岐山，西起鳳翔寶鷄，東達華陰朝邑，此皆吾新首都之理想範圍。此皆不煩破壞而徑可為理想之建設者。昔咸陽殘破，漢高定都洛邑，一聞婁敬、張良之獻議，即日西遷，遂成西漢二百年輝煌大業。光武以長安燬於赤眉，不再西駕，而東京偈促，即遠不如前漢之恢宏。宋太祖顧忌漕運，因承五季建都汴梁之陋制，而宋祚終以不振。此皆歷史往例可資龜鏡者。

若據經濟情形，則政治首都不必與經濟中心重規疊矩，若政府以權力臨制全國，則在封建戰伐時代，必擇險要；在商業資本時代，必擇大都會。今以全國民意擁護為政府之基礎，則既不需擇險而守，亦不必擇肥而安。平、津、寧、滬，首都與商業中心接近，易受金錢勢力之誘引。如南宋都臨安，湖山風物，積靡積衰，終無以作其朝氣而勵之清心。若求以艱苦卓絕建新國，若求超拔於官僚資本貪污惡濁空氣之氛圍，則毋寧以政治首都遠離商業都市，正可一洗積弊，獨樹新模也。

時賢所以於西安建新都抱遲疑瞻顧之心理者，大率不出於數端，曰「交通條件」，曰「建設憑藉」，曰「經濟情況」。竊謂此皆不足慮，所當慮者，乃在此後立國百年大計。此後立國百年大計，有可以一言決者，則必曰「先安內」。安內奈何?必曰先使民遂其生，又貴乎生而得其平。若使民不遂其生，生不得其平，則國不安，國不安則一切無可言。而所謂民得其生，生得其平者，尤貴乎文化教育生活與物質經濟生活兼顧並進，而求得相互間之調劑與平衡，否則徒言經濟，亦只得其半而失其半，非民生之全部。

試言國內之民生，乃不幸而成半身偏枯不遂之症。文化最閉塞，經濟最落後者首爲西北，次之爲西南，稍愈者爲東北，較勝者爲東南。此種現象，蓋遠自唐末藩鎮割據，黃河北岸農業，已開始崩壞，北宋、遼、夏三方鼎峙，西北亦隨而惡化。宋金分裂，下迄蒙古入主，皆雄踞北土，朘削南疆。獨明代三百年，於北方經濟文教頗多致力，幾幾有欣欣復榮之象，而滿洲以部族政權，師襲蒙古成規，坐北鎮南，如巨人跨我頸項，壓我胸腹，使我耳目昏聾而營衛隔塞者蓋又二百四十年矣。海通以還，經濟文化，其心房動脈乃不在我，沿海半壁，自遼瀋、燕齊、江浙、閩粵，差若有活氣，離海愈遠，入陸愈深，愈到中國之腹裏，而病象愈深愈顯。西安適處此半枯半榮之交點。請言西安之外圍，曰西藏，曰西康，曰青海，曰新疆，曰甘肅，曰寧夏，曰陜西，曰蒙古，曰綏遠，曰察哈爾，此已占中國之泰半，而文化經濟特成異象。若使今日而言安內，則必面對此十區之現實。必先安此十區，使之有平衡之生活，不僅在經濟物質，同樣重要者在教育文化。必使此十區者，與西南、東北、東南達於平衡發皇之境地。必使此偏枯不遂之病，脫然而去，而後可以言統一，而後可以言治安。否則內患必由此十區起，而外禍乘之。天下斷未有偏枯不遂而可以稱爲康樂之生命，健全之體格者。

## 二

今試曠觀並世列强，所謂內政問題，其最要者必有兩事：

一、其國內有異民族雜處，未能融洽一體。

二、其國內民衆生活顯分兩階級，不能調和一致。

前者如第一次歐戰前之奧匈帝國，後者如第一次歐戰前之帝俄，一則終趨分裂，一則終於革命爆發。其他類此二國者，至今尚多，不遑一一數。

今中國則兼犯此二病，而此二病又萃於西北之一隅。若藏、若回、若蒙、若羌，此皆自有語言文字，自有宗教信仰，自有風俗習尚，清代以部族政權僅圖羈縻，未嘗有深謀遠慮，一視同仁，使此諸族與漢族相融洽爲一家之蘄嚮。今既諸族共和，文化教育之陶冶最其先務，而政事撫輯亦不可忽。若論西北貧瘠，則漢族之較此諸族，尤有甚焉。清室仰東南之賦稅，已足供其需索，彼於西北一隅，固如秦人視越人之肥瘠，不叛不變，則置之度外。漢族因貧得愚，藏、回、蒙古諸族因野得貧，要之文化教育之與經濟物質環境，處處與東南、東北相差甚遠，不啻若異國。稍近者爲西南，苗、傜、羅倮諸族錯雜，而山疆未闢，瘴癘未清者，亦所在多有。然人文不調洽，其患尤甚於經濟不給足。若東北雖滿洲所起，其實關外四省盡已漢化，又經濟繁榮，較之西南瘠區遠勝，遑論於西北！今雖陷於日寇已近二十載，他日重返故國，人心未全死，易於復蘇，生活安足，更其餘事。又國人樂於趨赴，僅使有賢疆吏鎮撫慰帖之，其風丕變，殆不如西北之難於措手足。故曰中國而言安內，必先面對此西北十區之現實。

新首都建於西安，即爲中央政府面對此十區現實之一種精神條件。時賢疑建都西安不適現況，必曰西北貧瘠枯槁。不知新首都之建於西安，正求面對此貧瘠枯槁，此正我之所謂覺醒，正我之所謂平衡，正我之所謂靈通，亦正我之所謂安穩也。必新首都建於西安，後而全國上下乃有真覺醒、真平衡、真靈通，乃至真安穩，否則偏枯不遂之症常在，將自麻木而僵厥以仆，殷鑑不遠，在歐戰前之帝奧與帝俄。國人方高談海外發展，高談武裝新國防，高談民族民生，曷不試回首一顧瞻此西北十區泰半之中國！

# 三

或曰，西北實情，誠如所言，然此乃局部行政事耳，何煩中央政府之蒞臨？此亦一說。然持此說者，既認西北爲一貧瘠枯槁而複雜之特區，則一切行政，無論其爲教育、爲財政、爲刑律、爲軍隊、爲黨務，亦必以特殊風格適應之；其選官任才，亦必以特殊標準物色之，而又不當人自爲政，地自爲俗。蓋此大西北泰半之中國，必有一共同之作風與齊一之步調，而臨莅主持其事者，必有一賢大吏總其成而綰其全，如是則不啻成一西北邊區特殊行政機構。苟非然者，西北十區仍將不能就理，仍將不能突飛猛進，與其他各區相調和、相融洽，中國仍將爲偏枯不遂。使此行政機構而幸能勝任愉快，亦將不幸而使中國政治有截然相異之兩作風、兩姿態，一爲中央政府，一爲西北專區。

然而能治西北者可以治中央，而能治中央者則未必能治西北，何也？能處貧瘠枯槁複雜矣，正如厭糟糠者可以飽膏粱，飽膏粱者未必能厭糟糠。然則幸而使此政治兩機構者，終得調和融洽，凝爲一體，仍將不幸而使中央凝於西北，不能使西北凝於中央也。換辭言之，新中國之不治，其患在西北；新中國之治，其希望亦將在西北。譬如人之有病，其所患終至於死者在其病處，其所希望得以恢復健康重暢生機者，亦在其病處。故藥物必對病而施，全身之血液精力亦湊於病而剋之，未有置病於不理而其病得以霍然愈者。

然則新中國之中央政府，曷不徑自建於西北，艱苦卓絶，即以建設西北者建設新中國。將來新中國之中央，貴其能面對現實，而不貴其好大喜功。將來新中國之首都，貴其能樸實深沉，而不貴其鋪張揚厲。凡以南京中山路、北京故宮三海想像將來新首都之氣象者，皆不免爲拘墟篤時，迷於靜態，暗於動勢，未能深切瞭解於新中國建設之精神條件之重要也。建都西安，正爲此種精神條件提供一最好之物質環境，而何貧瘠枯槁之足畏！

且西北之貧瘠枯槁，亦人事之未盡，一時之靜態則然耳。交通可以改進，水利河渠可以興修，雖不能如東南江海之區，亦不致大困乏。近人率言西北礦藏不豐，此乃據未甚精密之查勘，寧可遽作定論。即如最近巨量石油礦之發現，正其一例。森林農牧，皆可發展，中央建都西安，正當西北東南兩大自然區域之交點，逆挽東南之人力物力而向西北貫輸，將來西北既開發，即以西北之林礦農牧回補東南之不足，道家有所謂提精煉氣提氣煉神之養生法，鉛汞相交，龍虎相濟，可以成黃金不死之藥。爲今日醫國者，建都西安，正亦猶是。

或謂建都南京，乃中山先生生前主張，此亦未可拘泥以求。考章太炎檢論卷七，有相宅一篇，記太炎與中山先生論建都事，乃頗不爲時賢所記憶，茲摘錄如次：相宅曰：

先武昌倡義九年，章炳麟與孫文遇於日本東京，縱言及建都，歸而疏文曰相宅；其後十年，清主退，南北講解，孫公不能持前議，將建金陵，章炳麟……亦釋前議，以宛平爲大湊，臨事之與懸論，道固殊也……存其舊文曰：

……孫文曰……定鼎者相地而宅，發難者乘利而處……定鼎者，南方誠莫武昌若……雖然，經略止乎禹迹之九州則給矣。蒙古新疆者，地大險而勢不相臨制，夫雍州，……地連羌胡，足以笞箠而制其命，其水泉田畔膏腴，不逮南方，猶過太行左右諸國。農事者制於人，不制於天，且富厚固不專恃倉廩。自終南吳嶽，土厚而京陵高，羣礦所韜，足以利用；下通武昌，繕治鐵道，雖轉輸者猶便；雖然，經略止乎蒙古新疆則給矣……欲爲共主於亞洲，關中者猶不出赤縣，不足以馳驟。彼東制朝鮮，西叢烏拉嶺者，必伊犂也。古者有空匈奴縣突厥者矣，耽樂於關中，而終不遷都其壤，王靈不遠，……夫爲中夏者，豈其局於一隅，……伊犂雖荒，斬之胡桐檉柳，驅之貙貍，羈之橐駝，草萊大辟，而處其氓，出名裘駿馬以致商賈。鐵道南屬，轉輸不困，未及十年，都邑衢巷，斐然成文章矣，故以此三都，謀本部者則武昌，謀藩服則西安，謀大洲則伊犂，視其規摹遠近而已。章炳麟曰：非常之原，黎民懼之，而新聖作者遂焉，余識黨言，量其步武先後，至伊犂止，自武昌起。

觀於太炎所記中山先生當日建都理論，則知今日遷都西安，實符中山先生之遺意。而中山先生辛亥革命以後，所以主張建都南京者，其理由亦可得而推。蓋今日以前爲革命期，今日以後爲建國期。革命之力量，中山先生以爲大抵不越駱、粵、湘、蜀，夫革命之謂撥亂世，撥亂世之對象則在北方，其先爲滿清政府，其後則爲北洋軍閥。武漢之爲都，內可以挾駱、粵、湘、蜀以自重，外可以臨制燕庭，此正得中國本部南北兩自然區域勢力相消長之交點，而求其衡平，故曰「定鼎莫武昌若」。然則何不取於南京，在中山先生之意，「金陵者，金繒玉石稻粱芻豢之用饒」，洪楊嘗都之而士氣以衰，「雖鼓之而壯士不起」，此一不取也。又「近互市之區，異國之賓旅奸之」，革命將中道而亡，李鴻章借外援於上海，洪秀全受其脅逼，殷鑑不遠，此二不取也。又金陵居長江下游，其勢張揚，不如武漢阻深，「地大而人庶則心離，其心離則其志賊，其志賊則其言牻悰，其行前卻」，爲治不易，此三不取也。

然臨事之與懸論不同，厥後革命軍起於武昌，而南京繼之，中山先生遂主建金陵而不復取武漢者，厥亦有故。一則革命內力所憑藉於湘、蜀者，未見勝於江、浙；又自武漢通粵海，僅一陸道，自南京通粵海有海陸之便；又居武昌不易得南京之臂助，居南京易獲武漢之聲援。又上海爲財富藪，其時異國賓旅則不僅不爲革命之阻撓，抑且隱資以利便。又北氛猶張，兵鋒及漢口，則武昌偪促不堪居；而兵鋒達浦口，金陵尚容坐鎮。此皆當日事勢所詔。中山先生之捨武漢而取金陵，厥因當在此。

若曰近海，中山先生已言，「外鑑諸鄰國，柏林無海，江户則曰海堧爾，內海雖鹹，亦猶大江」。是中山先生精神貫注實在內陸，不在外洋。觀其實業計畫，甲項爲交通開發，鐵路十萬英里，碎石路一百萬英里，濬開運河，治河導江導淮導西江，皆內陸也。乙項爲海港開闢，俾得盡量吸收各國外資，則中山先生建國方略重內地建設，不重海外發展。其明白指定之移民區域，則曰東三省、蒙古、新疆、青海、西藏，是中山先生明主內陸西進，不主外洋南殖。

中山先生誕育於濱海之鄉，足跡往來香港、檀島、菲律賓，南洋不啻其第二家鄉。其革命運動之策源於南洋僑胞間，厥效亦至大，顧謀國家建設，則主移民東三省、蒙古、新疆、青海、西藏。其言鐵路建築，則首及西北系統。又曰「此種鐵路實居支配世界的重要位置」。以此衡量，南京宜不如武昌，曰：「北望襄樊，以鎮撫河雒，鐵道既布，而行理及於長城，其斥候至窮朔者，金陵之絀，武昌之贏也。」夫皮之不存，毛將焉附，內國建設不健全，尚何外洋發展之餘地，故知中山先生建都金陵，不爲海外發展着想。至於居金陵，金繒芻豢之用饒，此中山先生內心之所懲，然而害小則忍之。而今之時賢主擇南京、北平建首都者，正羨其用饒物富，則謀國淺深之效可覩矣。若曰地大人庶則心離志賊，言牻悰而行前卻，此亦南京、北平之所短，而正爲西安之所長。然知其意者，則尤鮮焉。此中山先生所以有知難之嘆。

# 四

革命時期所以建都南京之理由，既如上述。今當建設時期，則情勢與革命時期大不同。革命之謂撥亂世，而建設則爲昇平世。撥亂世，國內未統一，政府必有所憑藉，又必有其尅伐之對象。昇平世，則國家已統一；政府得全國民衆之擁護，不需特有所憑藉。時賢恐建都西安，地貧民瘠，中央力弱，將無所憑以統制全國者，此以革命情勢而謀建國，以撥亂方略而冀昇平，馬上得之，復欲馬上治之，此一失。革命時代其憑藉在江、浙、兩粵，在南服江海，其尅伐對象在燕、遼、在滿洲政府與北洋軍閥。今日憑藉則爲全國之人力物力，其較富庶者則東南、東北、西南，皆政府所當憑藉。今日努力之對象，則在全國之民生，務求民得其生而生得其平，則其最當注重者獨在西北，西安則適綰轂其交點。故建國時期之西安，一猶革命時期之南京與武漢。今日而主建都南京、武漢，斯謂不知變。

然則北平何如？曰北平指揮東北則有餘，調度西北則不足，革命時代東北重，建國時代則西北重，此北平不如西安一也。北平地大人庶，又金繒玉石稻粱芻豢之用饒，此皆中山先生內心之所懲，不如西安深阻而貧瘠。今日時賢之所畏，正建國大計精神條件之所需。不佞前所著論，主建都西安而以北平爲陪都者，此特爲斟酌東北情勢而預爲之擬議。今者戰事未畢，東北演變尚難逆測，則仍定北平爲陪都可也。然不以其富庶，亦不以其近海，可資向外發展，此乃百年立國大計精神支點中心所在，不可以不辨。

夫新中國之建設，將爲內陸開發乎？抑爲海洋飛躍乎？將艱苦卓絕而對現實乎？抑舖張揚厲好大而喜功乎？將效俄帝彼得，特闢新港以爭海口，開門與列强相揖讓而角逐乎？抑效蘇維埃，還歸舊都，退藏內陸，閉户作內部之整頓乎？此必有所先後緩急輕重，此誠國家百年大計，所當先決，國策決則精神有所凝注，而新首都之選擇將不煩言而定。而中山先生之遺教，則文獻具在，遠之如太炎所記辛亥九年以前之談話，近之如民十年所草實業計畫書，前後二十年間，意見固無大出入。

尚憶去歲美副總統華萊士來中國，自蘇聯越新疆、甘、寧而抵陪都。其告國人曰：「人謂我自中國之後門入，其實我自中國之前門入也。」又曰：「中國西北大可開發，正如往昔美國之西部。」華氏之言，乃不期而與中山先生四十餘年前之想像相巧合。

夫自今日言之，空中交通激進，大陸國地位轉重，海洋殖民，幾幾乎如潮汐之將退，新中國之將來，其前門當轉向西北，華氏之言雖奇而不奇。然在四十餘年前，則宇宙形勢，尚非今日之比，而中山先生沐浴於海洋之新潮，而顧高瞻遠矚，目光所射，轉在蒙古、新疆、青海、西藏，而曰「謀藩服則都西安，謀大洲則都伊犂」，何故？曰此實奇而實亦不足奇。

時賢目光所視，在目前之靜態，在二三十年之近事，於國內然，其於世界亦然。中山先生則洞視及於千百年以上，千百年以下，不僅於國內，抑且於全球，攝其動勢，略其靜狀，漢、唐盛世，中國固非開西北之大門以出與天地相周旋乎？曠觀往史，據以衡量今事，余之前作，所論已詳，茲故闡述中山先生之意見，爲時賢謀國是爭新都地位者告焉！

（民國三十四年八月東方雜誌四十一卷十六期）

# 六　道統與治統

## 一

中國傳統政治，尚有一端義當闡述，即是「政治」與「學術」之緊密相融洽。

中國古代政治之轉捩點，乃在春秋戰國之際，其時自由學者興起，百家爭鳴，並多握得各國政治之實權，由此而貴族政治解體，士人政治代興。孔子曰：「學而優則仕，仕而優則學。」秦漢以下，仕途幾爲學人所獨占，此實中國傳統政治一至堪注意之大特點。然本篇所欲論，則不在此。本篇所謂政治學術緊密相融洽者，乃指於政治機構中，有不少專屬學術文化事業之部門，不僅爲學人占仕途，乃謂於政途幹學業。政府中多設專官，不問政事，而主持一切學術文化事業之保存擴大與流傳。此等垂在史册，國人認爲固然，不復驚怪，然若與並世各國以往史迹相互對比，則必知此非偶然，殊值大書特書，一表彰之。

中國傳統政治中之學術機關，歷代演變紛雜，大抵學人入仕途，多有不問政事，而仍以專修學業爲官職者，此皆仕途清選，非才優學卓，不得充任。自秦、漢迄於清末，雖多變革，條貫可尋，略而陳之，在先蓋有「史官」與「博士官」之兩途。古者政教不分，學術掌於宗廟，天文、曆法、音樂、農事、醫藥、方技諸端，皆隸焉，總其任者則史官。此爲封建時代之學職。漢書藝文志所謂「王官之學」，大率屬之。戰國以下，百家風起，其勢上撼政府，各國皆爭養士，有授以大權，責之重任者，亦有養以厚祿，奉以敬禮，而不煩以事，僅備顧問，不治而議論者。而齊之稷下先生爲尤著，演變而爲秦、漢之博士。此乃代表社會下層平民學者新興勢力，與傳統史官遙遙相對，漢志所謂「諸子百家言」率屬之。故秦、漢政府中學職流別，以史官與博士官爲兩大類，史官上承官學，而博士官多屬家言，然二者同屬於太常，此仍古者學術統於宗教之遺意。

史官承舊統，然太史公自謂「文史星曆卜祝之間，主上以倡優畜之」，較之春秋衛史華龍滑與禮孔所言，「我太史也，實掌其祭，不先，國不可得」，地位迥殊。蓋史官權望之墮落，正足徵政治意識之上進，與宗教靈威之衰替。然史公上追春秋而爲太史公書，不僅卓然脫出宗教氛圍，抑且褒貶諷諭，文無避忌，保言論之自由，樹後世正史以典範。此後歷代對於國史，皆知鄭重寶護，既妙選人才，又尊其權任，不加侵犯，故國史館雖屬政府一機關，修史雖爲政府一要業，然並不因此有損於史官秉筆之獨立與尊嚴，直書不隱，奉爲史職。建州入主，欲牢籠明代遺臣，乃以修史相號召，官修二十四史，雖不能盡滿人意，要之治亂賢奸，開卷朗然，猶十得其七八。

至秦、漢博士官，尤爲顯職，雖秩僅比六百石，然得預朝廷大議，備左右顧問。漢武以後，又掌教弟子，並多出使循行，或視水旱災荒，或行風俗流民，或錄冤獄，或宣諭告，名臣碩學，多於此出。然魏、晉而下，博士議政之事漸稀，大率專掌教育，至隋別設國子監，博士始不隸太常，此爲學術正式脫離宗教之最後一步。然自唐以下，國子監僅一冷署，博士徒素餐，不聞於國家教育有所建白，此若中國傳統政治，於教育頗不盡職，不知此正中國傳統政治一優點，亦漢、唐古今政制變異一大界線。

何以言之？古者政教不分，史官屬於宗廟，尊嚴無上，列國之史，皆由周天子分出，諸侯不能自有其史，此古制也。自戰國魯、魏、宋、齊皆立博士，迄於秦、漢，博士位任超越史官，家言駕於官學之上，是爲世運之一進。漢武表章六藝，專設五經博士，掌教弟子，皆予出身，其勢駸駸，將復由家言轉官學。然哀、平以下，即有古學流行社會，與朝廷博士爭衡，東京博士弟子盛至三萬人。然博士多倚席不講。其時經學之流傳，則古學伸而今學絀，即亦家言盛而官學衰之一徵。所謂「家言盛而官學衰」，此即學術自由，統於下不統於上。自孔子迄於鄭玄，皆以民間私學風靡一世，樹範千古，然政府轉加尊禮，不事壓制。馬、鄭所講，皆今古雜采，不遵循朝廷官學，而朝廷予以寬容，此正猶孔門六藝，非復當時王官舊統，未聞魯哀、季孫特加箝束。其作春秋，孟子謂是「王者之事」，蓋以直筆而寓褒貶，昔在董狐之與南史氏，是王官也，今出孔門，則屬私家。王官統於上，春秋則爲家言，統於下。此後歷代正史，論其官職，雖仍上統，而其精神則皆家言，皆下統也。

若論教育，孔門七十二弟子，墨徒三百，其他諸子亦皆有徒屬，則皆私統，皆統於下而不統於上者。自劉歆、揚雄迄於馬融、鄭玄，皆私言，皆下統也。古者所謂「政教」不分，乃宗教，非教育。漢武五經博士掌教弟子，則已非宗教，異於古昔，然政教合一終不可久，教育之權終亦下移。教育重家言，不重官學，循下統，不循上統，此正中國傳統文化一絕大特點，而政府亦具洪度雅量，不輕肆壓制包攬。故唐代博士，幾等於告朔之餼羊，宋、明以下，私家書院特甚，政府官學盡虛文耳。獨元、清兩代，書院多出官立，私學鬱而不宣，然此固非中國之正統。故知中國傳統政制，雖稱政學緊密相融洽，政府於文化事業雖保護宣揚，不遺餘力，然於教育大權，則讓之社會私家之手。史官以多涉政事，又非私家財力所能勝，故歷代皆由政府主持，然仍不失私家自由精神，此觀於秦、漢史官、博士官兩職，先後承襲演變之迹，而猶可藉以推論其精神之底裏者也。

## 二

中國歷代政府，又以收藏圖籍，爲首先注重之一事。

張蒼爲秦主柱下方書，蕭何入咸陽，先收其圖書簿籍藏之。此或猶多關於政事者。至史官有金匱石室之藏，則專屬文獻。其王室藏書尤著者，前漢有天祿閣，後漢有東觀，魏、晉以下有崇文觀、總明館、士林館、文林館、麟趾殿諸稱。及唐遂有三館，宋又增秘閣而爲四。及清代遂有四庫七閣，蔚爲政府藏書之大觀。此等藏書，皆有典司專官。

校讎簿錄，始自劉向、歆父子之七略，中經任昉之四部，篇目釐然，源流明備。試閱八史經籍志，下及清代四庫總目，中國傳統政制，注意文獻，網羅散佚，保藏整輯之功，殆舉世莫與京，而秘閣藏書，又使學者得恣意漁獵其中。如揚子雲校書天祿閣，下逮東京，碩學名儒，皆藉東觀爲著作之地；如延篤以博士徵，拜議郎，與朱穆、邊韶著作東觀。盧植拜議郎，與諫議大夫馬日磾，議郎蔡邕、楊彪、韓說等，並在東觀續漢記。馬融拜校書郎中，詣東觀典校秘書，蔡邕召拜郎中，校書東觀之類。此皆無政事職守，專典校書著作。

及魏、晉遂以著作郎名官。齊、梁以下，著作爲令僕子起家之選。下及宋代，館閣尤清華，必號稱天下英俊，又經考試，始得膺選，一歷此職，遂爲名流。其實所謂校理、修撰、校勘、檢討，或徑稱直某館、直某閣，皆無政事實任，專以學業爲職。

劉安世謂祖宗之待館職，儲之英傑之地，以飾其名節，觀以古今之書，而開益其聰明，稍優其廩而不責以吏事，所以滋長德氣，養成名卿賢相。其用意蓋有如是者。

漢武時又別有所謂文學侍從之臣，如東方朔、枚皋、嚴助、朱買臣、吾邱壽王、司馬相如、主父偃、徐樂、嚴安之徒皆是。宣帝時召劉向、張子僑、華龍、柳褒等待詔金馬門，亦其職也。唐制，國君乘輿所在，必有文辭經學之士，下至卜醫技術之流，皆直別院，備燕見。其後翰林學士遂掌內命，至號內相，權重禮遇甚至。

及明代專設翰林院，盡移前代秘書著作之職歸之，而制誥別屬內閣，則翰林仍閑職，其地位極清高，除爲講官史官修書視草等規定職務外，如議禮審樂，定制度律令，備顧問，評得失，論薦人才，指斥姦佞，以常獲從幸，尤見親密，故於政事多匡救將順之益。

明代又有庶吉士之制，以新進士未更事，俾先觀政，其先學於內閣，後則隸之翰林，此等亦無政事實責。翰林既望榮地密，從容中秘，於古今典專沿革，制度得失，可以恣情探討，以備一旦之大用。而庶吉士以英俊後起，亦得侍從薰炙，並許建言白事，儲才養望，爲政府培植候補人才，至有深意。故當時以翰林爲「玉堂仙」，以庶吉士爲「半路修行」，其爲時艷羨如是。

清代亦沿明制，中國近五六百年來政府大僚於政事有所建樹者，大率由是中出，雖流弊亦不免，然其崇文尚學之用心，於政府中專設機關，育養賢俊，獎興學術，終不失爲一種優良之制度。

# 三

今就中國傳統政制與學術文化事業相聯繫相融洽之要義，再扼要言之。一者在有考試制度，專爲拔取學人使之從政，故其政府僚吏乃全爲學者。此種政制可名爲學人政治，或簡稱「學治」，以示別於貴族政治或富人政治。平民政治者，乃貴族政治之反面；無產階級專政，乃富人政治之對壘；學人政治則爲一種中和性之政治，無貴族，無庶民，亦無貧富之別，惟擇其有學與賢者。

然既使從政，古人云，「一行作吏，此事便休」。政府究非學校，官吏亦非學者，政治學術仍不免隔膜與脫節，故中國傳統政制復於政府機構中多設專守學業不問政事之衙門，如此則可使政治學術密切相融洽相滲透。抑且社會文化事業之保護與推動，有非政府之力不克盡其圓滿之功能者。言中國已往成績，則歷史紀錄（國史館）與圖書保存（秘書監）尤爲其最著之兩事。然此非政治干預學術或支配學術之謂。「學治」之精義，在能以學術指導政治，運用政治，以達學術之所蘄嚮。爲求躋此，故學術必先獨立於政治之外，不受政治之干預與支配。學術有自由，而後政治有嚮導。學術者，乃政治之靈魂而非其工具，惟其如此，乃有當於學治之精義。

故中國傳統政制，一面雖注重政學之密切相融洽，而另一面則尤注重於政學之各盡厥職。所謂「作之君，作之師」，君主政，師主教。孔子以前其道統於君，所謂「王官學」；孔子以下，其道統於下，所謂「百家言」。孔子爲其轉捩之樞紐。孔子賢於堯、舜，此則師統尊於王統。漢代設博士，其意雖欲復古者王官掌學之舊統，然六籍皆出孔門，又曰孔子「素王」，爲漢制法，則兩漢經師論學，仍重下統，道統於師，不統於君，蓋自孔子以下，而其局已定矣。故政府當受學術之指導，帝王亦當有師傅。治權上行，教權下行。宰相必用學者，此自西漢已然。天子必當尊師向學，其風自東漢而著，後代遂有經筵日講之官，而東漢太學生之議政，其兆端亦遠有由來矣。及於隋、唐，政府遂專掌考試，不主教育，唐之國子七學，僅成虛設，宋明而下，莫能革也。其有反此道而行者，必爲衆誹所萃。王荊公身居宰相，而頒三經新義，大爲時賢所譏薄，蓋不在其新義之是非，而在以相臣之位而兼攬師道之尊，混治權於教權，使政府操持教育，道統絀於政統，此非其君爲堯、舜，其臣爲稷、契，則其弊有不可勝言者。張居正當明之晚季，振衰起敝，功不可沒，然其彈壓書院講學，尊相抑師，則更甚於荊公，故其遭時人之輕毀，亦視荊公爲烈，身後並罹酷禍。師道之失其統，而上統於政府，此自清代部族專制及始然，明代以前不爾也。故中國傳統政治，於學術文化事業，雖盡力寶護而扶翼之，然於教育則一任社會自由，抑且尊師崇道，王統自絀於道統，未嘗以政府而專擅教育之大權。

然今日國人觀點，則頗若主持教育，乃政府之天職，又若教權當統於治權。此等意見，亦有其來歷，一則承襲清代三百年以治權侵越教權之積習而視爲固然，一則模倣西方制度而不復詳辨彼我之異同。

西方自中世以來，宗教政治本屬分行，教堂之尊嚴，雖王侯亦俯首屈膝如庶民，是彼教權亦在下不在上，抑且教權尊於治權，亦與我約略相彷彿。惟彼方宗教既主出世，而復多預俗事，流弊既甚，反動亦烈。自北歐宗教革命，以及現代國家新政權興起，教權逐步退讓，治權逐步進迫，政府遂代教堂操握教育之權，然此所謂教育權者，亦僅止於一部分而已。舉要言之，則是國民教育與職業教育。歐洲近世大學興起，若溯其淵源，則亦一種職業教育。自科學盛興，近代教育益趨新型，然彼中大學教育，既多保有自由精神，抑且學校教育亦終未全奪宗教之權威。昔唐儒韓愈著師說，分師爲傳道、授業、解惑之三者。若言近代西方學校教育，特偏於授業、解惑，而傳道之師則仍在教堂。授業、解惑之教施之青年，傳道則不分老幼，人之有生莫不當受。此西方今日依然政教分行，教不專屬於政之人人所知者。

中國古代政教合一，自春秋、戰國之際而始變，百家繼起，自由講學代握教權，儒墨開宗，皆趨嚮於此，而儒家獨傳於後世，故中國儒家非宗教，而實兼宗教之功能。其爲教，傳道之師，猶崇於授業與解惑。東漢以下，儒學衰，而佛教東流，先則沙門不拜王者，明教權之不能屈抑於治權。其次則君相之尊皆頂禮膜拜於佛寺，此無論南、北朝皆然，至隋、唐亦無不然，時則奉僧人以「國師」之尊。直至宋、明，儒學又與佛教爲代興。王荊公、程伊川皆爲經筵講官，爭坐講不立，此又一沙門不拜王者之意。蓋惟如此，乃使人知政府不爲舉世之至貴，人間猶有尊於從政者，人道之大端，在師統，不在君統。故中國近世雖無宗教，而猶得使政府不踞獨尊之位。元、清兩代，皆不尊儒，元人不知尊，清人不欲尊，然皆奉事喇嘛，或多立淫祠，其時則道統政統各趨一端，不相關屬。

今國人競言西制，盛唱司法獨立，羨法治之不可攀，不知人事固不以不犯法爲極則，西方於法堂外尚有教堂，官吏犯法，固當俯首於法官警吏之前，然犯法者亦僅耳。使無宗教尊嚴，人生一出青年期，畢業大學校，移身社會，即已爲一無所受教之人，苟其身踞高位，則誠舉世莫能屈，非然者，則富貴兩行，經商或益愈於從政，人競於財貨而滋不平，激而爲無產階級專政，亦其宜也。凡今西國所以不盡然者，宗教之爲功，蓋如莊周所謂無用之用，固未可輕漠視之。中國誠求模效西制，或更求超而出焉，考試、監察、司法諸權，縱曰盡得獨立，然使不兼受基督上帝之教，則富貴而外，人生終不復有尊嚴。學術知識，僅爲手段工具，憑藉以躋富貴而永保之則已。無論其爲羣爲私，要之將止於我之所謂「霸」，非所語於「內聖外王」之域。

抑且近代政治，率常操於政黨之手，又濟之以所謂宣傳者，憑政府在上之力，將無微而不至，使政府與商人相狼狽，教育與宣傳相配合，政治之力將莫與競，雖曰言論、出版、集會自由，而三者皆必溯本於教育，若教育無自由，則人之真獲自由者幾希矣！故真求民主精神之實現，必使人道大統，下行而不上湊，必使教權尊於治權，道統尊於政統，禮治尊於法治，此乃中國儒家陳義，所由爲傳統文化之主幹，亦即中國傳統政制精意之所在。

即降一級求之，若西方之政教分行，尚猶不失其有一種衡平之勢。今若僅以選舉言民權，而教育大政默而聽之於政府，則未見其不病者。然則政府將不問學校教育事乎？曰非此之謂。初級國民教育當讓之地方自治，上篇已論之，若高中大學，各級學校，雖可由政府籌辦，然政府當自居爲護法，不當自居爲主教，學校尊嚴，當超然於政治之上，惟各級職業教育，可視政府需要而創革，其他則政府當盡量尊重學校之自由，又當盡量提倡社會私立學校，自由講學，不依政府意見爲意見，不隨政府轉動而轉動，教育之權應在家言，不在官學。

抑更有進者，在西方有宗教，在中國有儒禮，尊師崇道，雖昔之帝王不敢背，遑論於今日。必使從政者於束身奉公，不犯法律之外，於人道猶知有所尊，於己體猶知有所屈。內心外貌，猶有所敬禮，則苟不尊奉耶、佛諸教，其道必返求之於本國之傳統而推闡儒禮，使教育精神與傳統文化相得而益彰，此在中國傳統政制本有此趨嚮，抑已有其確然可考之成績，而堪爲今後新政制之所當取法。

# 四

今考五五憲草，特定教育一章，其爲重視教育之意至顯。其第一百三十六條注重全國各區域高等教育之平衡發展。一百三十七條規定教育經費之最低限度，應占中央預算總額百分之十五；其貧瘠省區之教育經費，應由國庫補助。第一百三十八條又規定國家對於列舉之事業及人民應予以獎勵與補助。此皆與中國傳統政制注重學術文化事業之精神，甚相符合，極可讚許。

惟第一百三十六條謂全國公私立教育機關，一律受國家之監督，並有推行國家所定教育政策之義務，則實有可議。竊謂此乃隸學統於政統，屬教育於政治，既與中國傳統文化傳統政制相背，乃亦非西方政制所有。教育乃百年樹人大計，政策則貴乎因勢推移，二者不當併爲一談。且教育乃人生真理之切實踐履與切實探究，根本無政策可言。若以政策辦教育，未嘗不可收目前一日之速效，然終將貽後來無窮之隱禍。近世德國厲行國民教育，一時謂其功效勝於毛奇將軍之兵隊，然推演之極，今日德國之兩度敗覆，亦未始非此種以治權決定教權之爲害有以使之然也。昔中國春秋戰國之際，越王句踐與范蠡深謀，十年生聚，十年教訓，卒滅強吳，報夙仇，然越祚終亦不長，越王句踐之與范蠡，正猶德王威廉之與俾斯麥也。然則以國家目前政策定全國教育方針，其爲得失，斷可見矣。

又草案第一百三十一條，中華民國之教育宗旨，在發揚民族精神，培養國民道德，訓練自治能力，增進生活智能，以造成健全國民。竊謂此種列舉，亦有可商。人類教育宗旨，猶有超於造成健全國民之上者。若專以造成健全國民爲目的，此亦尊治權於教權，重政統於道統，流弊之淺，將爲狹義之國家主義，此必有損於文化教育之大全。若流弊而深，自必隨國家政策而定教育方針。然所謂國家政策者，究極底裏，則國家不得不以政府爲代表，政策不得不以當前之肆應爲目標。而教育乃全國人文元氣所寄，當樹百年不拔之基，豈能追隨政府當前政策爲轉移乎？故本條所列舉，若以定爲地方國民教育之條目，而使全國各地域得本此宗旨，各自斟酌本地方實際情況以爲變通，則猶之可。若以全國職業學校，應視國家需要，隨政府政策而創建或改革，亦猶之可。若籠統包舉全國各級教育，如今憲草所云，則流弊將不可勝言。

竊謂將來中國新憲法，必有兩事首當注意，一者當明白規定立法、司法、監察、考試四院之獨立性，使其超然於政黨之外。一則教育必盡量自由，不隨政府政策爲措施。若能達此兩目的，則政局已可小康，民主精神自得逐步實現，惟此二者，應爲全國上下所當力爭之要目，其他則相忍相讓，要以統一和平無傷國本爲主可也。

抑復有一小節當附論者。今國民黨人尊推孫中山先生，稱爲「國父」，此由模效美國，以華盛頓爲國父之先例。蓋美國十三州之獨立，由華盛頓所率領，中華民國政府之創建，由中山先生所倡導，崇之以國父之稱，宜若無不當。然此僅以言政統，非所以言道統。近代美國之共和政體，固爲華氏所首創，然美國人之人道文化，則遠有來歷，故美人言教統，仍歸耶穌，不屬華氏。今中華民國之政府，固爲中山先生所手創，然中華民族之人道文化，則亦遠有本源，非亦由中山先生首創之，此在中山先生之民族主義講演中，闡發已至剴切。故言中華民國之政統，必推中山先生爲不祧之祖，若言中華民族之道統與教統，則中山先生亦一孝子順孫，豈得同樣奉爲不祧之祖乎？今全國大小各級學校，若逢中山先生誕辰與其逝世紀念日及國慶大節，盡崇仰追思之禮，此亦理之宜然，若今每七日有紀念週，每逢學校有典禮，必先對中山先生遺像行禮致敬，是以尊中山先生於政統者而一體尊之於道統。若細籀中山先生民族主義之遺教，此等崇拜，恐亦非中山先生所樂受。此亦今日學統絀於治統之一例，故連帶而論及之。

（民國三十四年八月東方雜誌四十一卷十五期原題名學統與治統）

# 七　人治與法治

## 一

時賢率謂中國尚人治，西方尚法治，今主模擬西化，故於人治主義排斥惟恐不盡，於法治規模步趨惟恐不肖。夷考其實，則翩其反而，毋寧謂中國重法治，西方重人治，猶較近是。雙方各就其所偏陷，而求補苴矯挽，故中國多言人治，而西方多言法治，此如西方盛倡自由平等，而中國頗少論者，正由此乃西方所缺。若因中國人少言自由平等，即指中國社會無自由不平等，則羈旅常思家鄉，蟄居愛談遠遊，豈可專据，便謂羈旅富家室之樂，蟄居多湖海之奇乎？

中國自古爲廣土衆民之大國，而西方希臘、羅馬，本皆城市國家，雙方體制不同，故西方早有民治，市人畢集，左袒右袒，向背從違，頃刻而決。中國則懸諸象魏，與衆周知者，法也。削竹鑄鼎，昭布不毀者，亦法也。柏拉圖理想國，爲西方論政最古偉著，以較東土，乃有周官，此亦一理想國，一烏托邦也。若就兩書相提並論，孰爲重人，孰爲重法，不煩辨而定。至今西方談社會政治改革方案之志士，殆無不汲源於柏氏之書；而中國政治史上之大興革，大波動，如王莽，如蘇綽，如王安石之變法，莫不與周禮有關，故就實平情，毋甯謂中國重法治，西方重人治，猶較近是。

謂中國重法治，莫如證以具體之事實，遠者不盡徵，若自秦漢以來，則史績釐然，如賦稅、如兵役、如法律、如職官、如選舉、如考試，何一不有明確精詳之規定，何一不恪遵嚴守至於百年之外而不變。秦、隴之與吳、越，燕、冀之與閩、嶠，其間川泉陵谷異變，風氣土產異宜，人物材性異秀，俗尚禮樂異教，於此而求定之一統，向心凝結而無解體之虞，則非法治不爲功。中國之所以得長治久安於一中央統一政府之下者，亦惟此法治之功。秦、漢以下，可以考諸史；隋、唐以下，又可徵之典籍。言政治如唐六典，言刑法如唐律，其書皆現在。自唐以下，遞演遞密，列代會典，其薈萃之所也。

## 二

言歷代政制之敝，則莫不敝於其尚法之過。周尚文，秦、漢諸儒則欲變之以殷之質。尚文即尚法也。故曰「舞文弄法」，又曰「文法吏」，蓋法之必流於文，文之必成於法，「文」與「法」之不可分也久矣。朝覲、盟會、禮聘、享頫，皆文也，即皆法也。在當時則謂之「禮」，禮兼政俗，非法而何？故自春秋遞變而至秦，特自封建之法，變爲郡縣之法耳，其爲法則一。漢治尚質，若爲大變乎春秋以往之文，然仍無以自脱於法治。賈誼曰：「刀筆筐篋，不知大體。」又曰：「簿書不報期會之間。」就其名而論之，則皆文。就其實而論之，則皆法。宣帝之告太子曰：「漢家自有制度，本以霸王道雜之，奈何純任德教，用周政乎？」是漢人之變文尚質，不過爲循名責實，其不能不以法爲治，則一也。

光武中興，尚法益甚，及其末季，崔寔、荀悅之徒，皆主以法治。曹操、諸葛亮承其流風，稍致政績，莫非尚法。五胡以還，南北分裂，中國復見統一中興之盛運，則本於蘇綽之變法，田賦、兵役、職官最其大端，歷隋迄唐，有沿有革，要之自蘇氏。中國傳統政制，隋前本於秦漢，越後則一遵隋唐。大抵有法守法則治，違法無法則亂。蓋法治之偏勝於人治，此乃中國歷史環境使然，雖有聖智，亦莫能違矣。

中國尚法之弊，有當時不自知，及其積重難返，乃求痛洗滌，擺脱淨盡以爲快者。漢高入關曰：「吾與父老約，法三章耳」，遂以寬大得天下，此一例。厥後一代之興，雖不能如漢高，其常爲蕩滌寬大則一。亦有中國困於積習不自知，而塞外異族，初通中國，染習未深，相較之餘，乃有以深見其害者。如朱子語類因説今官府文移之煩，曰：

國初時事甚簡徑，無許多虛文，常見太祖時樞密院一卷公案，行遣得簡徑。畢竟英雄底人做事自別，甚様索性。聞番中確如此，文移極少。（一二七）

又曰：

金人初起時，初未立將，臨發兵，召集庭下問之，有能言其策之善者，即授以將，使往。及成功而歸，又集庭下，問衆人而賞之金幾多。衆人言未得，又加之。賞罰如此分明，安得不成事。（一三三）

此又一例。朱子謂「英雄索性」，此即主重人不重法。又曰「金幾多，衆人言未得」，此謂金國人不多，故得人盡其言，其俗簡質，不如中國使人不得自竭盡，而多束縛於虛文煩法之下。而明之既亡，黃宗羲著明夷待訪錄，言此尤剴切。其言曰：

論者謂有治人無治法，吾以謂有法治而後有治人。自非法之法，桎梏天下人之手足，即有能治之人，終不勝其牽挽嫌疑之顧盼，有所設施，亦就其分之所得，安於苟簡，而不能有度外之功名，使先王之法而在，莫不有法外之意存乎其間，其人是也，則可以無不行之意；其人非也，亦不至深刻羅網，反害天下。故曰有法治而後有治人。（原法）

黃氏之言，正爲中國傳統政制之法弊言之，故曰：

法愈疏而亂愈不作，法愈密而天下之亂即生於法之中。壞之者固足以害天下，其創之者亦未始非害天下，乃必欲周旋於此膠彼漆之中，以博憲章之美名，此俗儒之勦說，雖小小更革，生民之戚戚，終無已時。

是黃氏之意，固亦求痛洗滌，盡擺脱之以爲快矣。其謂三代以上有法，三代以下無法，則中國儒生之積習，一寄其理想於三代。三代以下者，中國之史實；三代以上者，學者之理想。中國傳統乃爲一尚法之國，此自歷史環境所限，何待三代以下而始然哉。

## 三

或曰：中國儒家理論，尚德不尚法，今子乃謂中國傳統政制，爲一尚法之治，又何也？曰：中國自古乃無純儒之治。兩漢儒生，皆如公孫弘以文學緣飾吏事而已，不足當純儒。苟爲純儒，又患無濟於吏事。王充論衡、程材、謝短諸篇，論此甚悉。其言曰：

儒生世俗共短，見將不好用也。事多已不能理，須文吏以領之。文吏理煩，身役於職，職判功立，將尊其能。儒生栗栗，不能當劇。將有煩疑，不能效力，力無益於時，則官不及其身。（程材）

王粲儒吏論亦言之，曰：

執法之吏，不窺先王之典，搢紳之儒，不通律令之要。彼刀筆之吏，起於几案之下，長於官曹之間，無溫裕文雅以自潤，雖欲無察刻不能得，竹帛之儒，起於講堂之上，遊於鄉校之中，無嚴猛斷割以自裁，雖欲不迂緩不能得。（見藝文類聚五十二，御覽六百十三）

嘗試論之，中國自秦以下之政治，本爲儒、吏分行之政治，亦即法、教分行之政治。儒生之所長，在教化不在法制，在端拱而議，不在理煩勝劇。然漢高而上，宰相每起於州部，問文吏亦必於儒者（上句出韓非，下語見前漢何武傳。）儒吏雖分而不分，故可收互濟之美，治績之劭由此。宋明而下，儒生高踞上位，文吏沉淪下僚，然政事實任在下不在上，儒吏之分日顯，而政治之病象亦日甚。

嘗試論之，中國政治之不能不趨於尚法，此乃歷史環境所限，無可强避，而尚法之弊不至甚害者，則幸有儒學與之相調劑。大抵偏至、分裂與用違其宜則敗，如秦敗於偏至，東漢晚明敗於分裂，新朝變法與王安石之新政則敗於用違其宜。巨君、介甫皆儒生，出入諷議則有餘，操刀親割則不足。故真有得於中國傳統政制之精意者，必崇獎儒術，使之出入諷議，端委揖攘於百僚之間，此乃政治理想之所寄。高山仰止，景行行止，雖不能至，心嚮往之。

凡使中國傳統政治之不陷於偏霸功利，而有長治久安之局者，厥惟儒家之功。而果爲大儒，亦必張其彀率，難進易退，寧使孳孳爲不可及，不肯枉道屈己，已試不驗，而失儒學傳統之尊嚴。故「德化」之政，特高懸以爲崇法治者一種精神上之消毒防腐劑而已。若在儒家積極之貢獻，則固在下不在上，在學校不在政府。

或者又曰：中國傳統政制既重法治，何以法家思想又不爲國人所尊？曰：中國傳統政制之所重於法治者，此乃中國歷史環境所限，現實所需，並非淵源於法家。法家者，其先本出於儒，法之與儒，同爲一種政治理想，同爲對於現實政治有起衰救敝之功效，惟法家持論稍褊狹，不如儒家之圓宏。法治之敝，必爲文勝，等因奉此，章規則例，紙片文書，塗飾虛華，此亦中國傳統政制重法不重人，尚文不尚實之流弊所極。法家則主爲循名責實，此亦一種由文返質。又尚法治必陷於守舊，法典易趨凝固僵化，每不能與時代相協調，法家則主變舊而趨新。若管仲之於齊，吳起之於楚，商鞅之於秦，非無法而創法，乃因法而變法。而尚法治之國則必憚於變，故曰「利不百，不變法」，故儒家之於傳統制度常見爲迂闊，而法家則見爲刻急，蓋二者皆譏，中國傳統政制雖偏尚於法治，固非盡本之於法家。

或曰：儒、法兩家，其與中國傳統政制之關係，既得聞命矣，敢問道家。曰：道家思想之對中國傳統政制，有其補偏救弊之功用，猶之儒法兩家也。道家主清淨無爲，蓋對尚法之治而主徹底之解放。故秦人尚法，則繼之以西漢初年之黃老無爲，曹魏尚法，則繼之以西晉以下之清談放縱。中國傳統政制既爲一尚法之治，乃不斷有道家思想躡其陰影。若以儒家爲迂闊，法家爲刻急，則道家又流於虛無，爲文吏者，皆不能純取以爲治。

嘗試論之，政治者，乃人羣最現實之活動，而儒、道、法三家，則皆爲一種理想，皆不能完全適合於現實，故中國不僅無純儒之政，乃亦無純道、純法之政。中國傳統政制之爲法治，此乃適於現實，而有不盡合於儒、道、法三家之理想者。然使中國現實政治不致困陷於現實而不能自拔，則亦惟此儒、道、法三家之功。儒家積極，導於先路；道家消極，清其後塵；法家則周於近衛，護翼前進。今若以「五權憲法」分配言之，誠使教育部、考試院付之儒家，司法、監察寄之法家，立法由乎道家，國民大會調和融會，冶之一爐，而行政院則託之於文吏之手，則庶乎斟酌盡善，可以無大弊矣。

## 四

或者聞我言而大笑曰：異哉！子之論法治，乃異於時賢之所謂法治者。時賢所謂法治，乃主模效近代西方之憲政，子乃混淆名實，高談傳統，縱論儒、道、法三家，其實皆非今之所謂法治也。曰：誠如君譏。然謂中國傳統政制之有法治，不如近代西方憲政國家法治之精美，則饅頭不如麵包，絲綢不如毛呢，作揖不如握手，女士不如密斯，此既成爲一時之國是，麻冕今純，從衆可也。若謂中國傳統政制乃非法治，則無異謂饅頭非食品，絲綢非衣料，作揖非禮貌，女士非稱謂，混淆名實，恐在彼不在此。

今試論中國傳統法治之所爲，乃異於近代西方憲政國家之法治者，則無亦曰西方之法治尚疏，而中國之法治則已密；西方之法治尚質，而中國之法治則已文；西方之法治，尚許人有度外之功名；而中國之法治，則已桎梏人之手足。明白言之，西方之法治，尚多留人治之餘地；而中國之法治，則已損及人治之範圍。其所爲不同者，大略論之，蓋如是。

時賢論東西文化，率主西方爲動的，而東方爲靜的。竊謂此意可以移言政制。蓋西方政制偏易於動進，而中國政制則偏宜於靜定。惟其求能動進，故尚人治；惟其求能靜定，故尚法治。人者動物，法則靜物也。聽於人則易變易進，聽於法則否，此亦雙方歷史環境所限。西方起於城市之邦，易於聽取市民之意見，一也。西方諸國分立，又率以商業立國，故其政治，對外尚重於對內，形勢變動，則貴能因應，此非保守法典，所能勝任愉快。中國既爲廣土衆民，聽於人則難，聽於法則易，聽於人則亂，聽於法則治，故常抑人而尊法。又爲大陸農國，居天下之廣居，有唯我獨尊之象，遂使其國家之政治，對內總重於對外，因此尊傳統，少變動，而法典傳襲，往往傳世歷久至數百年，雖有智者，不敢輕言變易。重於法則輕於人，故中國之偏尚法治，西方之偏尚人治，此亦現實所驅，大勢所趨，有不知其然而然者。

今若以此而論中山先生之五權憲法，則實亦一種法治偏勝於人治之制度。若以五權憲法較之並世英、美、法、蘇諸國之政制，則五權憲法之偏尚法治，而人治之分量絀於西方者，躍然可指而覩矣。此非中山先生之有意於如此，此正我所謂傳統文化潛力，國情現實，有以陰驅而潛持之，使有不知其然而然者在矣。

何以言中山先生之五權憲法爲法治偏勝於人治？曰：近世西方憲政國家之權重，則寄於國會，國會多數今日之所是則是之，國會多數明日之所非則非之。此英、美、法皆然。蘇維埃一黨中多數今日之所是則是之，一黨中多數明日之所非則非之，是亦猶之有國會矣。惟此之謂大經大法，然此實人治重於法治。何者？蓋西方憲政精意，在其聽於人不聽於法。人情變而法亦隨之。其法疏，則其人情易以舒，而其法易以變，此其所以爲動進之道。

今五權憲法國民代表資格之獲得，必先經國家之考試，此則被選舉人之變動性必較少。國民大會以外，又有監察院、立法院分其權任，則國民大會之所是非，其變動影響於國是者，亦隨而減矣。五權憲法之下雖可有政黨，然既有考試、監察、立法、司法諸權超乎政黨之外，則政黨多數之所是未必是，政黨多數之所非亦未必非矣。此種政制，其長在於靜定；其短在於動進，其偏倚在於聽之法者其常，而聽之人者其變。其較之西方之憲制，則西方疏而中國密，西方質而中國文，仍無以大相違於雙方傳統之相異也。

# 五

然則中山先生之五權憲法，其利弊得失又如何？曰，我固已言之，世固無有利無弊之法，故徒聽之於法，則未有不弊。然徒聽之於人者，是亦一法，是亦不能無弊。善爲政者，貴能因其偏而矯之。西方長於動進，其人氣坦以舒，制法而不爲法所制，喜自由，尚獨立，其弊在獎爭而肇裂，故常相戒以守法。中國適於靜定，其人氣攝於法制，愛和平，大一統，然人之受制既久，則陰狡詐僞，惟求一脫於羅紲以爲快。故西方之惡偏於陽剛，而中國之惡則偏於陰柔，凡今政治上之病象，十九皆陰柔之惡。陰柔之惡由於法治之過密，天下盡爲法所桎梏，度外之功名，久矣不見於中土，故論政者必常主於法外之意，以爲調節。今國人方競尚西化，而好言法治，尚求尊法抑人，此之謂昧於名實，更復以法治救中國，是以水救水，以火救火，其溺益深，其焚益烈矣。法治乎？法治乎？我不知中國多少罪惡，將藉子名以滋。

或曰：若子言，則中山先生之五權憲法復爲非乎！曰：否！否！不然，非若此之謂也。中國政治之不能不偏於法治，此乃國情現實，此乃文化傳統，有不知其然而然者，中山先生五權憲法之斟酌古今中外而得其宜者正在此。今日之急務，在乎心知其意，用我之長，避我之短，此固非菲薄國情，高談西化者之所與知。蓋五權憲法其長已在法治，補偏救弊，則貴疏不貴密，重質不重文。而今日國人之言法治，若惟恐法之不密，文之不備；法密矣，文備矣，桎梏人者既極，人之心智終不爲法縛，終不爲文溺，必旁邪軼出，桀驁以自喜。莊子有言：

伯樂之治馬，燒之剔之，刻之雒之，連之以羈馽，編之以皁棧，馬之死者十二三矣。飢之渴之，馳之驟之，整之齊之，前有橛飾之患，而後有鞭筴之威，而馬之死者已過半矣。夫

加之以衡扼，齊之以月題，而馬知介倪，闉扼鷙曼，詭銜竊轡，是伯樂之罪也。（馬蹄）

民初國民黨人高談制憲，其自居皆伯樂也，其時則以袁世凱爲馬。今日國人力爭憲政，又皆自居爲伯樂，其心中亦各各有一馬，曷不誦莊生之文而知所謙退乎？

然則如何而可！曰：中山先生五權憲法之精義，既由傳統文化而得，其長處既在適合國情，故欲運用五權憲法，有以防弊救偏，而又能發揮而光大之。此非於傳統文化之得失，國情現實之長短，深知而灼見之，而徒皮傅遺教，掎摭西制，此必斷斷乎不克勝任矣。試嘗論之，欲求民氣發舒，助長其陽剛之美，消散其陰柔之惡，而又不陷於啟爭端召分裂，則莫如宏獎儒術，尊崇師道，教育獨立，講學自由，又於考試院與國民大會多方羅致耆賢碩德，而尤要者在於伸道統於政統之上。欲求法治之不爲桎梏，人得自竭其才性，而度外之功名庶以儻見，則莫如師道家，守之以清淨無爲，運之以寬簡不苛，法貴疏不貴密，國有利器，不以示人，立法忌有對象，而無餘地，元首貴淵默，庶政貴質樸，此皆非徒法所能冀，而立法者必將心知其意，庶有以神化而默運之也。欲求法制之不流爲具文，則莫如用法家，循名責實，信賞必罰，而以司法、監察兩院，握其樞紐，如是則雖不能遽脫於法治之成局，要亦不深陷於法治之窨穽耳。

## 六

或曰：子之辨則盡聞之矣，抑今日國人之所爭，固不在人治之與法治。蓋所謂法治者，有一要義焉，即全國人民皆當於法律之下平等，皆當受法律同樣之待遇，無貴賤，無上下，此固近世西方法治國家之特色，而爲我傳統文化之所缺。抑且若於今日之國情，有其扞格而難通者，不知子將何說以處此？曰：善哉問，抑鄙陋之見，則仍謂此與人治法治之辨有關。孟子曰：「徒法不能以自行」，夫法者死物也，人創之而人守之，故若惟法之爲尊，則必有司法者轉得逃於法之外矣。今若尊人勝於尊法，人之所是則是之，人之所非則非之，國人皆曰可賞則賞之，國人皆曰可殺則殺之，而不問固有其法否，則司法者自亦無所逃於法之外。非無所逃於法之外，乃無所逃於人情之外也。彼英、法之君主，皆有登斷頭台而受國民審判斬決者，試問彼二國者，本先有此等法否耶？本先無此法，特以國人皆曰可殺則殺之，而卒亦不聞有非之者，是從人而不從法，因人以創法，不因法以抑人，我則謂此曰「人治之偏勝於法治」。蓋西土本尚人，生殺予奪一惟之，或操在上，激而生變，則轉操在下。

今國人所致羨於彼邦之所謂法治精神者，在彼固非一朝一夕之所致。彼常使夫人情伸於法律之上，故轉使人人奉法守法而不敢犯，非畏法也，乃畏人也。若人之不可畏，則法之不足畏，久矣夫！盡人而知矣。然此可以行之於當日之英、法，乃不幸而不可行於我往古之漢、唐與宋、明。何以故？漢、唐、宋、明大國廣土，民衆公意難以一致，若使長安、開封、燕京之民衆，亦效當日英、法人之所爲，奮起而尸其帝王於朝宁，旬月之間，全國可以大亂。英、法小國寡民，其亂易定亦易起，中國廣土衆民，其亂難平亦難起。國之人懲於大亂之難平，乃不得不忍小忿，而亂亦難起矣。懷挾白刃於宫廷朝宁之間者，則國人羣斥之曰大逆不道。此不徒帝王爲其私而斥之，國之人相與而斥之。故帝王雖失德，民情終抑而勿揚，抑之至於不可抑，乃始爆發而終於成大亂，此誠中國歷史環境之所限，乃常使抑人情以伸法律。

夫法律可以治常，不可以治變，司法者何所不可至以自便其私乎？古之訓有之曰：「大畏民志」，乃不曰大畏民情。夫民志雖可畏，然非中上之姿則不知也。民藏其志而不敢肆其情，此自大邦衆民之所不得已，非曰生於此華夏之土者，乃皆奴隸其性，犬羊其德，並自由平等而不之知，必有待於西化之東播，而後乃始聞夫法治之精義也。

中土之聖哲，亦有懍於此之爲弊者，故乃倡爲「禮治」之説，曰「法以治小人，禮以治君子，」「法以制已然，禮以防未然」。夫使居君子之位而不幸蹈已然之罪，乃有不獲伸於法者，此亦自有其形格勢禁。孟子曰：「聞誅一夫紂矣，未聞弑君也。」乃後世弑君尚易，誅一夫轉難，明夫此，乃可以談國史之演變，乃可以與論夫傳統文化得失是非之所在，乃可以針對現實國情而謀所以補偏而救弊。

善謀國者，正當常伸人情於法度之外，正當寬其憲章，簡其政令，常使人情大有所游，而勿為之桎梏，而豈悁悁焉效管、商、申、韓之陳說，以必行我法為快意乎？夫通燕者，或南其轅，或北其轍，亦曰視我之所在地以求達夫我所欲至。今使遼人而效吳客，必以北轍為至燕之途，斯有愈行愈遠而已，寧復有至理哉？國人模效西化而言法治，得毋類此。故曰此仍是一「人治」「法治」偏輕偏重之辨也。

（民國三十四年九月東方雜誌四十一卷十七期）

# 八　變更省區制度私議

## 一

行省制度，在中國並無深遠歷史。其創興在元代，而明清因襲之。此項制度之用意，並不在便於地方政治之推進，而特在利於中央勢力之統轄。

元人所謂「行中書省」，乃是一個活動的中書省，即最高中樞機關之分化。其意惟恐一個中樞機關，不足控馭此廣土眾民，乃爲此變相的封建，形成一種分區宰御制，專爲蒙古人狹義的部族政權而創設。明太祖初起，承襲未改。但不久即取消行中書省，而代以「布政使」爲各省行政長官，此不失爲一種比較合理的改革。惜未將元人行省分區詳細改正，而以後又絡續於布政使上增設「巡撫」「總督」，依然與元人之行中書省相去無幾。

清代同爲一種狹義的部族政權，他們更有意利用行省制。各行省督撫，大體多屬滿人，（此與蒙古一例）用漢人乃其不得已。乾隆全盛時，全國督撫，幾乎盡屬滿人，漢人則寥寥可數。洪楊起事，滿洲疆吏無不僨事，乃不得不起用漢人。然到晚清末葉，全國督撫，又依然是滿人爲多。

就督撫之名義論，已顯然爲一種軍事統治，而同時督撫又兼中央「都御史」的官銜。可見行省制用意在中央監臨地方，並不爲地方本身着想。

## 二

進一步言之。行省制度，雖說是一種中央監臨地方的制度，卻只是一種變相的封建，只是分區宰御，非中央集權。若各地方政治，能在統一的中央政府下順利推進，各地均得欣欣向榮，地方政權絕不致忽然反抗中央。因此漢唐盛時，亦並無定要集權中央之用心。漢之「州牧」，起於東漢之末葉。唐之「藩鎮」，由於黷武開邊而起。宋代懲於唐中葉以下之藩鎮割據，始刻意謀爲中央集權。然宋代之中央集權，亦並不與此後行省制相似。「行省制」既不利於地方自治，又不利於中央集權，乃是橫梗在中央與地方之間。易於引起尾大不掉的一制度。清末督撫，乃至民十七以前之各省督軍，事例昭然，不煩詳論。

更進一步言之。行省制雖說其用意在「分區宰御」，而亦並不利於宰御。總督巡撫，在名義上，顯屬軍事統治之性質，而每一行省，實際上則並不能自成一軍事單位，爲中央對外禦寇，對內弭亂。元人分省建置，似有意全變唐宋分「道」之舊。每一行省，在地形上，均不能自保自全。各省州縣錯隸，險要全失。往往一府一縣可以震動全省，而一省可以震動全國。因此明代

「經略」，或至七鎮，「總督」總理或至八省七省五省。顯見省區並不即成一軍區。清代有大兵役，必特簡經略大臣參贊大臣，督撫不過承號令，備策應。川、楚、陝教匪以及洪楊之變，反而在省區制的弱點下得勢。曾、左、胡、李削平洪楊，因於其有權節制數省，又能自相協調，故得成事。就最近事例言。如稍前之清共，與當前之抗日，亦均不能以一行省爲一軍區，仗之對外禦寇，對內弭亂。因此行省制在平時足以阻礙地方政治之推進，在變時亦不足以保障地方獨立之安全。

至論經濟、物產、民情、風俗各面，現前行省分區，亦並不能真有一客觀界劃與之相應。民國以來的行省長官，尤其如最近的「省委員制」，其性質顯又與元、明、清三代的行省長官不同。殆已變爲地方行政長官之領袖，而非中央機關之派出所。省行政長官之性質，不是中央委來監察或駕馭地方，而爲一地方行政之最高機關。此乃時代政治意識之進步。但在此轉變下，亦有流弊。因省分區過於龐大，對中央言，雙方行政權限往往不易劃分明晰。舉最淺顯例言之，如一省可以在其境內自造一條鐵路，或自設一個大學。

民初曾有主聯省自治，以及各省議會自制省憲等活動，正因省區劃分過大，因此時有使其從中央看來好像易於侵犯中央的職權之嫌疑。同時對地方言，亦因省區過於龐大，一個省政府，統轄幾十個縣政府，省縣規模，大小懸殊，因此使省政府高高在上，不易實做地方上親民的長官，而另有使他在地方上看儼如一個小中央的嫌疑。省機關處在此兩種嫌疑之下，縱有好長官，亦不易有好成績。正因行省分區，本不為推行地方政務而設，現在借以推行地方政務，自有許多窒礙。

## 三

中國目前的建國工作，其前程有兩個必須達到的任務。第一是「完成中央統一」，又一是「完成地方自治」。此兩工作，應同時並進，同時完成。而亦可以同時並進，同時完成者。其主要機栝，則在必先修改現在的行省分區制。

大體言之，當將現行省區，分劃縮小，略如漢之郡，唐之州，或如清代乃至民初之道區制。把現在每一行省劃分為四五省六七省不等，一省大率統縣最少不少過六七縣，（此就邊區新設省分而言），最多亦不能超過二十縣。全國共達百數十省乃至二百省。名稱則仍為「省」，而不稱為郡、州、道，因省名已為一般社會所習用。二則此項制度之改革，乃在提高地方行政機能，使其切實活潑加强，而非減抑地方政權。新的行省長官，其地位待遇，亦應與舊行省長官一律。此種新省機關，應採用「長官制」，不採用委員制。如是則一個新的行省長官在其所轄境內，庶可獨立展布，亦使獨立負責。附屬於省機關之教育、財政、建設、公安各項，則設局不設廳，而總成於省長。

現行的省委員制，一省每每有七八委員。若使此七八委員，各自獨立擔當一方面，以同樣的人選，而無現在臃腫牽綴推卸躲閃之弊，當更能盡其效。

在新省區下的縣長官，其地位待遇亦當同樣提高。在省縣的聯繫上，一省所轄最多不過二十縣，省縣規模地位不致懸絶。情誼易通，意氣易洽。縣長官的地位，在精神上亦同樣如在物質上牽連而提高。一縣長官，亦使獨立負責，獨立展布，附屬於縣機關的教育、財政、建設、公安各項，則設科不設局。

同時在縣省長官獨立負責獨立展布之旁面，賡續推行縣議會與省議會。縣議員選舉法此暫不論。每縣議員在二十人左右，由各縣推選至少一人至多兩人爲省議員，則省議員至多不超過四十人。而省議會的職權，因省區縮小，易於與中央劃分，不致衝突。而省縣長官之旁有省縣議會之監督，亦使能者易於見功，不肖者難於逃罪。而地方自治之實，漸可期望。若真求切實活潑加强推行地方政務，則縮小省區之後，將依然覺得省單位之大。

就中央論之，省區縮小，牽涉到幾省以上的事務，自然劃歸中央，而中央各部亦可切實負責切實發展。中央對各新省，則以現行監察使制度盡其督促監視之責。略如漢之刺史與唐之觀察使。而地方則由各新省的省議會，再各選至少一人至多兩人之國會議員，以表達地方意旨監督中央政務。如是則地方與中央可以活潑連成一氣。一面是中央明白交付地方以自由推行政務之權，一面即是中央向地方取得統一集中之權。故說「地方自治」與「中央統一」可以同時辦到，其機栝只在將現行省區略略修改。

# 四

一種制度之推行，其最要前提，還在與當時實際人事相和洽。並不能抹殺人事，空立制度。尤其當前是抗戰艱難的時期，一切政制，惟求減少人事摩擦，增進軍事便利爲第一義。上述意見，僅就理論上空洞陳說，以備政府之參考，同時引起社會之注意與討論，爲將來改進一種準備。筆者於目前實際政況，昧無所知，不敢謂此種意見，即速便可推行。惟仍就淺識推想，則覺此項改進，即在當前，亦未嘗無斟酌試行之可能。

試先舉目前處於抗戰前線之各省區而論。如豫、鄂、皖、贛、湘、粵諸省，或則省會已淪陷，或則省疆已不完全。而以適當前線之故，其各縣各地工作之艱鉅煩雜，當十百倍於平時，至於關涉軍事者，則現在的省委會並不能勝任負擔，而早已別歸軍區長官統一支配。然則若在此時，將原有省委會分散，遴派各省委或另再挑用相當人才分區負責。如湖北省即可分爲「襄樊」新省、「荊沙」新省等，每一新省長各就其所轄地區下之十餘縣切實聯絡，分頭進行工作。一面受中央指導，一面就近暫聽軍區長官節制。務求軍事民事緊密打成一片，而使每一人選各得切實活潑加强其政務上之貢獻，則似乎此項意見，便可推行於現處前線之各省區。

又次就已淪陷各省區而論。目下中央依舊委派該各省長官在敵人後方工作，其爲艱鉅，較之在前線各省區，當更過之。又因重要交通據點及路線，大半爲敵人佔去，因此一省機關，要求其能對所轄全省指揮靈活，殊難做到。至論軍事方面，亦早已有軍區長官負責，或即以原委省主席擔任軍事，則對他項民事，勢難兼顧。且如蘇北徐海一帶，其形勢上之聯絡，與魯南豫東之關係轉深，與同省江南之關係轉淺。而同樣江蘇京滬一帶，與浙西皖南之關係轉深，而與同省之江北關係轉淺。設若廢去舊省制，使各新省區可以在敵人後方便利單獨活動，亦可更活潑的相互聯絡，而各受該後方軍區長官之節制，尤較現行省區制似更近實際。

最後請更就在後方幾個完全省區而論。其工作之艱鉅，超過平常之倍數，凡在後方之人士，皆已目覩。且各省區情形，亦各有變動。即如四川一省，重慶已爲中央政府所在地，西康又正在建新省之進程中。大勢所逼，本不能一照舊況。而且目下後方各省主席，幾乎全已別受中央更艱鉅更重大的抗戰任務，如集團軍司令等。爲各省主席之節勞專神起見，爲各省委員之加緊工作起見，若照上述意見，分區負責，亦未始不可次第斟酌試行。

至於新省區推行後之省縣長官，尤其是縣長官，如何妙選人才，以煥然一新全國之視聽，而振作民氣，以切實加緊與軍事之聯絡，而博最後之勝利，此則全屬制度改革後之人事問題，不在本文討論之列。

（民國二十八年四月三十日重慶大公報星期論文）

# 政學私言　下卷

# 一　中國傳統政治與儒家思想

## 一

一國家一民族之政治，乃其國家民族全部文化一方面之表現，抑且爲極重要而又不可分割之一面。苟非其國家民族傳統文化可以全部推翻澈底改造，否則其傳統政治之理論與精神，勢必仍有存在之價值。

我國自辛亥革命前後，一輩淺薄躁進者流，誤解革命真義，妄謂中國傳統政治全無是處，盛誇西國政法，謂中西政治之不同，乃一種文野明暗之分，不啻如霄壤之懸絕。彼輩既對傳統政治一意蔑棄，勢必枝蔓牽引及於國家民族傳統文化之全部。於是有「打倒孔家店」、「廢止漢字」，「全盤西化」諸口號，相隨俱起。然使其國家民族數千年傳統文化，果能快意毀滅，掃地無存，則國家民族之政治事業亦將何所憑依而建樹？辛亥以來之政論，先猶限於一院制、兩院制；總統制、內閣制；中央集權、地方分權諸問題，大率不外美國、法國之兩派。及第一次歐洲大戰以後，西方政情劇變，銅山西崩，洛鐘東應，國內政治理論，亦軒波時起。於共和政體外，有別唱法西斯「獨裁」與蘇維埃「共產」之說者。於是主英、美政體之外，又別有主德意與主蘇聯政體之兩派，不僅見之言論，抑且發之行動。並至於刧脅屠殺，不恤賭國命以爭必勝。

夫流血革命，亦人類社會進步中所不免。然使一國家民族之政治精神與其理論，乃全部汲源仰流於外邦異族，其自身僅如一生氣已絶之殭屍，有待於借導外魂，使之復起。今日之爭論，則僅在於將借誰氏之魂而已。俗語有借屍還魂，今日之中國，則爲借魂起屍。一旦此屍復起，體面猶是，中情全非，其家屬親愛，殆將向之痛哭不止，況其人生機實尚健，而故意扼肮塞頸，自使氣絶，而妄覬引來一不可知之外魂，以一新其生命，則不謂之極人事之狂妄不可矣。

## 二

夫政治自有生命，自有淵源，非可貌襲而取。今之言政制者，或擁英美，或祖德意，或護蘇聯，誠各言之成理，持之有故。然此皆依傍門户，如僕隸之各隨其主，桀犬吠堯，未必桀是而堯非，若能超然遠觀，則泰西政制，顯屬同根，苟非斬其條肆，亦將昧其本榦。

近人言政，盛誇西洋「德謨克拉西」。「德謨克拉西」遠源，當溯自希臘之城邦。此實一種小國寡民之政制。希臘東西一百八十哩，南北二百五十哩，然當雅典戰勝波斯後（前四七八——四三一）主宰狄羅 Delus 同盟，所統市府多及兩百。希臘當時一國家，實不過一城市，附以一片海岸及港口，又一帶平原環繞，點綴以數個村落而已。此一城可以窺見他一城之城砦山脈海港，而各自爲一國。距城十五哩以外，即往往稱異國焉。每城居民以千計，最大者不及二十三十萬人，猶不能以平等相與。其得預聞城中政事者稱市民，亦稱公民。雅典最盛時，自由公民九萬人，奴隸三十六萬五千人，非全權公民四萬五千人。或謂雅典以市民二萬而擁有奴隸四十萬，科林斯 Corinth 以市民五千而擁有奴隸四十六萬。當波斯戰爭時，斯巴達公民僅一萬，戰勝雅典後，財富集中，漸趨腐化，貧者失其資格，公民遞減至二千，逮後不到千五百人，而其勢遂衰。而斯巴達農奴有二十萬，其他臣民亦十二萬，蓋不啻以一制十也。近世好舉美國林肯總統民有、民治、民享三語，以爲乃民主政治之極則。然若衡以希臘當時實況，則民主乃指市民言，不主居民言，政治屬此少數市民所組成，亦爲此少數市民而營謀，而其勢亦終於不能擴。依柏拉圖所擬議，一國公民，僅可在一千乃至五千零四十人之間，亞里斯多德則謂適宜於民主國家之全體公民，必在一個講演者之聲音所能傳達之範圍以內，此實爲歐洲民主政體一個最早之剪影。

羅馬建國，遙爲恢宏，然羅馬乃以一核心征服其四圍。就其核心言，則依然希臘一市府也。羅馬乃以古希臘城邦爲主體，而外罩一帝國之長袍。羅馬建國亦猶希臘，非以全部居民建設之，乃由全部公民建設之。其被征服各地之居民，並不能爲羅馬之公民，僅爲羅馬帝國之臣僕俘虜，以待羅馬公民之宰制與剝削。全意大利公民最盛時曾達五十萬人，而所謂公民者，其間亦不平等。有貴族、有騎士、有平民，復有所謂新自由民則奴隸之得脱籍而解放者。羅馬富人有畜奴一萬二萬者，羅馬人畜三奴爲窮人矣。羅馬以戰立國，有戰神廟，出戰則開廟而祭。其戰神廟之廟門，乃常開不閉。共和五百年間，神廟僅閉門一次，閉亦僅數年間。羅馬既以軍力征服各地，乃有税吏團承包各征服地之税收，銀貨聚斂集中於羅馬，復有銀行家貸之四出，仍以放債收息於各地。

泰西政治，遠溯不出希臘、羅馬兩型。此兩型者，有一共同之特徵，即是皆以一小範圍爲中心而向外發射。希臘以商貨貿易，羅馬濟之以軍隊。而此小範圍中心，又自有其中心爲之主宰，此即所謂「民主政治」，故民主政治實以「個人主義」之權利思想爲出發點。所謂民有、民治、民享，即若干個人共有此種權利，因共同管理之，爲此共同體謀樂利，無他義也。此種政治，換辭言之，實一種强淩弱（以一中心征服四圍爲殖民地），富欺貧（富者爲公民，貧者爲奴隸），衆暴寡（政治取決於會議，以多數壓制少數）之政治。其政治理論之最後根源，既爲一種「個人主義」，故政治事業亦不啻爲各個人各以其自身力量營謀自身福利之一種活動。行之而弊，則不免於少數壓多數。行之而利，亦不過爲多數壓少數。此項政治之最大缺點，乃在並無一種著眼於人類大羣全體之精神。故面對此種政治而起者，常不免有兩大衝突，對外則有「民族之爭」，對内則有「階級之爭」。再换辭言之，此種政治常含有一種「對抗性」與「征服性」，而絶少教育與感化之意味。因此「民族」與「階級」間之鑄縫，常愈演愈深，而終不免於破裂。

羅馬帝國覆亡，耶穌教會之勢力，乘之而起，扶搖直上，如日中天。耶教教義，超階級，超民族，正與希臘、羅馬政治截然異趣。雖謂歐洲中古時期之耶教勢力，即爲希臘、羅馬傳統政策之反動可也。然耶教教義終亦與希臘、羅馬政治沆瀣一氣，相織互染以共成近世歐洲文化之大源者，則亦有故。蓋耶教教義有與希臘、羅馬傳統精神至相密切至相類似之一點，即其亦帶有極濃厚的個人主義之色彩，（此層待另篇詳論）。然耶教教義，雖足以補償古希臘、羅馬狹窄的民族階級局部權利之缺點，而耶教之終極精神，則在天上，不在地下，宗教上來世之祈求，不能代替政治上現實之活動。故中古時期之耶教，雖熾盛一世，亦並不能爲歐洲傳統政治闢一新境。於是遂有所謂神聖羅馬帝國之形成，其帝國之皇帝與羅馬教皇異源同流，平分江漢。一主俗事，一掌教義。歐洲中古時代政教之判分，正足證明歐洲傳統政治之缺陷。蓋卑之無甚高論，政治聯權僅止於掌管處理分配，而教化指導之責，不得不仰賴於教會。然教會既主天國，主出世，其預聞俗世政事，即已不啻爲教會之墮落。而當時所謂神聖羅馬帝國者，究其實不過古羅馬龐大軀殼之遺蛻，既無若羅馬之軍隊與法律爲之統制，如霧如影，有其相像，無其實體。寖假有教會益失勢，天國來世之崇嚮，不能常此羈縻久靜欲動之人心。一旦新城市興起，海上的商業復甦，古代之文藝再生，而爲歐洲中古教堂幾百年所牢籠之人心遂奔軼絕塵而去，於是「民族國家」與「民主政治」之創建，遂爲歐洲近古史開始兩大主潮。其政治理論之最高標準，曰自由，曰平等，曰人權，曰憲法，曰民意，曰多數，然試究其實，亦不過古希臘羅馬城邦中心政治之一種擴大的變相而已。故民族國家之建立，同時即引起民族間相互之衝突。民主政治之提倡，同時即引起社會各階級相互之鬥爭。近世歐洲政治之波譎雲詭，以是觀之，如亂絲在躡，無不有緒；如燃犀爲照，無不有迹矣。

# 三

盧梭民約論，爲近世民治思想之宗主。盧氏生於瑞士之日內瓦，時爲瑞士一小省，其最高行政機關，即爲全體公民大會，與古希臘雅典無異，盧氏民約論序言極稱之，自謂生而爲一自由國之公民，又謂每沉思及於政府組織，便不覺樂自心生，因彼愈覺其祖國之可愛。此爲近世歐洲民治思想導源古希臘小國寡民城邦政體之顯證。然論近世歐洲民主政體之楷模，則在英不在法。❶而英國憲政創建，固常以理論隨事實，不以事實隨理論者。試一瀏覽英倫七百年憲政進展大體，則明是一階級勢力之鬥爭消長史。上下二院之對立，保守、自由兩黨之並峙，此皆以代表其背後之階級權利而存在。試推廣而看歐洲各國之政黨，其背後亦幾無不代表各種階級之權利。凡曰保守黨、復辟黨云云，則必代表王室僧侶貴族之特權。凡曰民主黨、立憲黨、自由黨云云，則必代表中產階級職業知識者之利益。凡曰社會黨、激進黨、勞工黨云云，則必代表無產階級下層民衆之呼號。其間雖有出入，大體如此。其有政黨而不代表階級利益者，則必代表民族界線。如前奧匈帝國各政黨，有代表日耳曼民族、匈牙利民族、斯拉夫民族之分。而斯拉夫民族中復有代表波蘭人、捷克人種種之界線。今試設想一旦各階級各民族間之疆界幸獲劃除，則政黨精神即不存在。政黨不存在，則七百年來演進所成之英倫憲政爲舉世所艷稱者，亦即失其柱石，無可撐架。然則歐洲民主政治之最高境界，亦不過在各階級各民族權利相爭之局面下求得彌縫，勿至破裂，而猶往往不可能。如北美殖民地之革命，即一種階級鬥爭之破裂；愛爾蘭之屢興叛亂，屢謀獨立，即一種民族鬥爭，雖未達十分之破裂，而亦未臻十分之融和。然則人類固不能有一超階級、超民族之較高原則以爲指導督率之方向乎？曰此在歐洲宗教則有之，政治則否。宗教既偏於出世，不足以降伏跳盪之人心，而政治又僅止於民治、民有、民享，以個人主義之樂利觀念爲主臬，則宜乎歐洲「階級」「民族」之爭，終相尋於無已矣。

稱論歐洲民主政治者，必舉英、法。欲明英、法政體淵源，當上溯古希臘之城邦政治。而英、法國體，則遠承羅馬帝國之統緒。帝國特徵，在於征服。所謂民主政治者，僅適用於其核心之主體，其外圍之征服地，則平等、自由、博愛之說皆無當。如英之於印度，法之於安南。此以供其宰制剝削，而非所語於共有、共治、共享。究極言之，苟以希臘城邦政治之精神爲核心，其勢不能不有羅馬帝國之規模以爲之外圍。希臘城市文化有二大支撐點，其內包者曰奴隸，其外延者曰商業。奴隸來源有竭，羅馬人濟之以俘虜，近代歐洲代之以機器。❷商業之推進與保護，則古羅馬與近代歐洲皆以軍事之征服與佔領盡其職。古希臘人大率一人畜五奴，今日機械文明發達之美國，則一人畜無血肉之奴五十，英國亦得二十。內包外延，相引並長，中心蓄力愈厚，向外放射愈遠。然自世界殖民地大體爲英、法宰制分割，已無餘賸，而別有新民族國家崛起，新中心蓄力形成，則其向外發射，勢必侵入英、法舊有輻線，而衝突乃不免。此則英、德對峙所以爲造成最近兩次大戰爭之主因也。

德、意新興，其民主憲政之成績，本較英、法爲落後，而帝俄尤以專制黑暗稱。自第一次歐洲大戰後，之三國者，乃各以其嶄然的新政體震驚一世。德、意之獨裁，蘇俄之共產，疑若與英、法民主政體，截然兩途，而其實不然。德、意獨裁，仍不過民族鬥爭過程中一姿態；蘇俄共產，仍不過階級鬥爭過程中一步調而已。若使易地以處，德、意肆其大欲，而宰制世界一切殖民地，居於國際最高領導地位，對外既無顧忌，對內即生破裂。德、意民衆亦復以個人樂利爲出發，不幸而强敵在前，不得不協以相處。歐洲政治本一權利爭論角逐之場，若以一國家譬之一政黨，以全歐洲譬之一大國會，則德、意乃一民族政黨而非階級政黨。愛爾蘭議員之出席於英國國會，彼輩自成一民族政黨，而與英國議員之分保守、自由黨者不同。然使愛爾蘭一旦完全脫離英倫，獨立自主，其國會中政黨，必代表階級不再代表民族無疑矣。故知德、意獨裁，必非其國人內心所要求之終極政體，而不過爲民族鬥爭中一過程。至於蘇俄，若使工商實業亦得早如英、德諸國之發達，中產階級握有不可動搖的地位，則蘇俄政治不效英即效德。今蘇俄國內中產勢力既未形成，王室貴族一旦推翻，自然走向無產階級專政。又其在全歐諸大民族中，蘇俄工商業獨爲落後，蘇俄獨爲一無產階級的民族。然則蘇俄之高呼無產階級專政者，其針鋒相對處，乃在國外而非國內。蘇俄之共產主義，雖其外貌（從向內看）儼然一代表階級的政黨，而其底裏（從向外看）亦仍是一代表民族的政黨。若使蘇俄積極造產之狂熱，得遂其願，使蘇俄一旦操握世界經濟金融之大權，其民衆決不甘常爲無產之勞工，抑且未必願爲世界他民族之無產勞工宣傳共產主義，又斷斷然矣。故若揭破政治上國內與國際之煙幕而透視其實際，則蘇聯之與德、意，其貌異，其情實同。而此三國之與英、法，其貌異，其情亦同。歐洲傳統政治之血液中，本含有階級鬥爭與民族鬥爭兩大毒菌。此遠自古希臘城市文化以來，蓋不啻即其血液中主要一元素，而莫可清除。惟有耶教教義，超階級，超民族，歐人資取以爲解消之方，而宗教政治世間出世之隔閡，終無以渾成一片，遂若一落世間相，即不免有民族階級權利之對立，此爲歐洲傳統政治癥結所在。其病害之㬥著，一見於古希臘之衰亡，再見於羅馬帝國之崩潰，三見於今日歐陸之大戰爭而尚莫知其所屆。至於所謂中古時期之黑暗，此則可無論。

# 四

今日國人所醉心低首之歐洲政治，就實論之如上列。試返而觀吾國家民族數千年來所傳統獨擅之政制爲何如。若就大體較量，吾傳統政治有與西方截然不同者兩大端：

一曰吾國自古政體，開始即形成一種廣土衆民大一統的局面，與希臘市府之小國寡民制不同。而吾所謂大一統者，乃由國家整部全體凝合而形成一中心，與羅馬帝國之由一中心放射而展擴及於四圍者又不同。故羅馬帝國之創建，由於「向外征服」，而漢唐政府之完成，由於「向心凝聚」。此中西之不同一。❸

二曰吾國自古政治，即抱有一超階級超民族的理想，即抱有一對人類全體大羣盡教導督率之責任。故政術、人心、天道，往往合一言之，政治在能「上本天道，下符人心」。而所謂人心者，不以小己個我之樂利爲心，而以大羣全體文化進向之大道爲心。此即所謂天道。非本天道，即不符人心。故王者爲衆心所歸往，而又曰「內聖外王」。蓋吾國自古政治，即已兼盡宗教教育之任。故西國政教兩剖，有政治不可無宗教。中國則政教一治，政治即已盡宗教之職能。此又中西之不同二。

西人論中國政制，每目之曰專制，國人崇信西土，亦以專制自鄙。尋其說不外兩義。一則中國有王統，常數百年不絕。二則中國無代表民意之機關，如國會議員政黨憲法皆缺如。然皇帝所以象徵一國之有元首，數百年王室傳統緜亙不輟，此乃政局穩定之兆，所謂長治久安，未必即專制。言憲政必推英國，英國王室統緒至今未斬，則政府有王室不爲病。若論代表民意機關，則中國傳統政制本與西方異趣。西國政府如一商舖，商舖經理特爲店主經營業務，經理之黜陟及其設施營爲，凡一舖之股東皆有權過問。中國政府如一學校，學校師傅對其子弟負教誨護導之責，而師傅之所以爲教誨護導者，則不能轉聽命於子弟。故國君之最大責任在爲天下得人，必使賢者在位，能者在職，而賢能之識拔，非必民意所能勝。故於兩漢有察舉，而察舉之任委之地方之長吏。魏、晉、南北朝有九品中正，而中正之選限於中朝之高位，隋、唐以下迄於清季有科舉考試，而考試之權亦操之在上。

今若謂中國政體爲專制，試問此巍然一王孤懸孑寄於廣土衆民之上，將如何而專制之？若爲與宗親近戚專制之，則自秦以下諸王室之宗親近戚例不得預政事。若謂擁强兵悍卒而專制之，則自唐以前之軍隊，皆由國民義務充役，不私豢於王家。自宋以下，軍隊雖出招募，而政府別有管軍之部，亦不由王室統領。若爲與官僚羣吏專制之，則此官僚羣吏之察舉、考試、進退、黜陟，在政府又自有主者，非帝王私意所能指揮。然則此孤懸孑寄之皇帝，終以何道而得專制？蓋中國帝王本以民衆信託而居高位，故曰「天生民而立之君」，又曰「作之君，作之師」。君師合一，爲君者宜爲賢聖傑出之人才，而天下之大非可獨治，故物色羣賢而相與共治之。若依盧梭民約論，謂西國政治權之理論來源爲由於民衆之契約，則中國傳統政權之理論來源乃在民衆之信託。若目西國政權謂「契約政權」，則中國政權乃一種「信託政權」。西人亦自有所信託，其所信託者在教會不在政府。

然則中國政府豈即等於西國之教會乎？曰是又不然。西國教會所率導嚮往者在「出世」，而中國政府之責任則即在「世間」。故曰：「天視自我民視，天聽自我民聽。」西國教會之歸極曰上帝，曰天國，而中國政府之歸極則仍在此茫茫禹迹中之廣大民衆。故西國於宗教外不得不別有政治，而中國於政治外卻可以不復需宗教。

## 五

然若爲之君者未必賢，又所謂物色羣才以共治天下者，其羣才之陶鑄培養又如之何？曰此胥賴於「教」。無君無臣，無不待於教，中國政治之終極責任在教，中國政治之基礎條件，亦在教。故學校與教育，其地位意義，常在政府行政之上。西土中世教育權，操諸教會，輓近世民族國家崛起，中產新興階級，常欲奪貴族僧侶之特權，於是政府乃與教會爭學校；自代表無產階級之政黨漸盛，於是乃向政府爭教育之普及。教育既主持於政府，亦仍不免爲民族鬥爭階級鬥爭之利器。中國傳統教育，常主於超民族超階級而爲人類全體大羣文化進向闢康莊示坦途，而政府亦受其指導。任其職者，則爲「士」，自孔子以來謂之「儒家」。故欲明中國傳統政治之理論與精神，必先從事於儒家思想之探究。

近人既目中國傳統政治爲專制，因疑儒家思想導獎君權，此亦無據之說相引而起，無足深怪。若謂儒家思想導獎君權，則毋寧謂是提倡臣權爲更得。蓋儒家思想之在政治，重心在臣不在君，臣之領袖曰相。孔子曰：「我久矣不復夢見周公」，周公即相權之代表。孟子盛稱伊尹、子思，伊尹得君行道，子思則否，要皆其君之所不得臣，故儒家論君道則主無爲。❹孔子曰，「北辰居其所而衆星拱之」。故儒家極推堯、舜，堯以不得舜爲己憂，舜以不得禹爲己憂，即得其臣，則無爲而自治。故曰「共己正南面而已矣」。然大舜先爲臣，後爲君，尚非無爲之極則。故論語尤推堯，曰「大哉堯之爲君，惟天爲大，惟堯則之，蕩蕩乎民無能名焉。」

古者稱天而治，掌天道者在巫史，爲君者即憑巫史以爲治。儒家之學興，明天道者歸於大儒，爲君者乃亦憑儒以爲治。孔子曰：「文王既沒，道不在茲乎。天之將喪斯文也，後死者不得預於斯文也。天之未喪斯文也，捨我其誰哉。」君權源於天，天道存乎臣。此臣者，即孟子之所謂師，亦荀子之所謂大儒。故儒家興，則巫史失其尊嚴。宗教之權日替，學校之任日隆。自秦以下，百官之長爲丞相，丞相乃副貳義。以今語譯之，丞相即副天子也。天子世襲不盡賢，而丞相爲百官選，以賢不賢爲進退，可以救天子世襲之敝。天子爲一國之元首，而丞相乃百官之表率，天子詔書非丞相副署不得行下。因天子之世襲而有王室，丞相百官不世襲而有政府。天子擁其尊位，政府掌其實權。政府百官之推選，則一本於學校，學校之教一本於道。人道之至中大極溯於天。宗教、政治、教育一以貫之，而世間出世之障隔亦不復存在。此儒家論政理想之大端。

孔門論政常以「仁」「禮」相濟。禮有秩序等衰，仁則民胞物與，人我一體。儒家論政，蓋主以無人我之公心，而創建大社會之秩序者。惟後儒各有偏倚，大率孟子論政偏於仁，荀子論政偏於禮。自秦以下，儒學昌明，首推漢、宋。而宋儒偏仁，漢儒偏禮，亦各有其特詣。漢儒恢偉，頗羼陰陽家言，以孔子爲教主，奉堯、舜禪讓爲繩律，推演五德終始，發明無萬世一統之帝王。既主禪國讓賢，而一代之新王興，又必變法易德，與民更始，以符大化之運，而歸其極於天人之相應。其立說雖時雜讖緯迷信，要之儒學大義存焉。宋儒較謹嚴，不重天道而重性理，以天道玄虛而性理切近。又不言禪讓，惟極推皐、夔、稷、契。若臣道能隆，則君位可以不問。師相合一，爲之相者爲之師，否則昌明治道於學校，以待王者之來法，爲之師即爲之相。故范文正爲秀才時，即以天下爲己任。「先天下之憂而憂，後天下之樂而樂。」仕學相表裏，而莫不有一段宗教之精神，則又漢宋之所同。

蓋西土政治源於城邦，小國寡民，易與政事親接，故主民治。中國以廣土衆民爲大一統，國民預聞政事不易，不得不別闢途徑而造士治。政事由國民直接操握，故主平等自由，尚多數表決。政事間接委之賢才之士，則不得不重教育，重考選，務使賢者在位，能者在職。此一說也。西洋政教分峙，政事率重權利，崇權力，亦僅爲局部之謀。中國融教於政，故政事目標常較遠大，斥爲局部人謀權利權力者爲霸術，而治道以王天下爲歸趨。此又一說也。中國四千年來政事，固常有晦明隆污之不齊，然吾先民固亦自有其理想，亦自有其途徑，其未能達其所欲嚮往則有之，若謂中國千古長夜，其人民惟蜷伏於專制君王淫威之下，初未嘗有政理光昌之一日，則其爲誣說瞽見，可以不辨而自曉。

## 六

中國傳統政治，其所懸目標既較高（以不爲局部人營權利權力，而以王天下爲歸趨故），其所當處理之對境又較難（以非小國寡民故），故其見效亦較不易。然大體言之，中國傳統政治，有與人共見之效果二：

一曰可久。

一曰可大。

何以謂之「可久」？以西土言之，其先如希臘，次如羅馬，又次如中古封建，輓近世有諸民族國家，政權傳遞，新者未立，舊者已仆，各自爲政，蓋皆數百年而聲銷響歇，尚未有能持續至於千年之久者。中國四千年來有三代，有秦漢，一部二十四史，雖朝代更迭，要之由中國人操握中國政治而不失其傳統。常此持續，與西土之彼仆此起先後爲傳遞者不同。此可久之效一。

何以謂之「可大」？希臘城市併殖民地算之，其最盛時數逾一千。羅馬領土兼跨歐、非、亞三洲，尤稱恢廣。近世英、法殖民地，散遍五大洲，視羅馬疆境又擴。然其所展布推擴者，及其權力之所及，樂利之所依，至其主宰所在放射所自之中心，則常自封自限而不能擴。否則如蜂之分房，脱絶而去，如美之於英。再不然，如兩雄不並棲，必滅其一而存其一。如最近大戰迭起，舉國一志而赴者，凡以兩雄不並棲故。中國三代建國，大率在黃河中流之兩岸。秦、漢以下，國土日宏，歷代建都，或在長安，或在洛陽，或在燕京，或在金陵。然建都長安，非陝西人創國之謂；建都洛陽，非河南人擅權之徵。蓋中國者，由中國人創立之，東北自龍江，西南達滇池，西北自天山之外，東南達粵海之濱，凡中國人所生息安居於是者，其風俗教化皆從同，其在政治上權利義務之地位亦相等。蓋中國乃由四方輻輳共成一整體，非自一中心伸展其勢力以壓服旁圍而强之使從我。其四鄰之風俗教化不能盡同者，中國人亦常願被以惠澤，感以德意，常務相安並處，以漸達悦化之境，如安南、朝鮮之朝宗於我。此可大之又一效。

故中國傳統政治在內不許有階級之對峙，在外亦不樂有民族之相爭。可大可久之效，蓋由此而著。

# 七

然中國傳統政治，亦非無流弊。

一、既鄙斥霸術，不務於富强兼併，乃時爲强鄰蠻族所乘。

二、民衆不獲直接預政，士大夫學術不常昌，乃時有獨夫篡竊，肆其賤志。

而晚近元、明、清三代所加於傳統政治之病害爲尤大。

元代入主，中國政治傳統幾於熸絕。明祖光復，而不勝其匹夫之私意，廢宰相，設內閣，政府大權，轄於王室，遂開晚近六百年君主獨裁之新局。滿清盜憎主人，踵明祖私意而加厲，又增設軍機處，於是中國乃有皇帝而無大臣❺。是一病也。

考試制度爲中國傳統政治一柱石，至明中葉而有八股，及清代道、咸以來又偏重小楷。不惟無以拔人才，抑且錮其聰明，靡其精力，不啻於戕賊之，此二病也。

明代即罷相權，因亦不樂士議，書院講學，朝廷常加敵視。清代益厲禁，書院皆由官辦，以膏火津貼買收來學。又大興文字之獄，慘施焚戮，學者怵於淫威，相率埋首故紙堆中，務考據訓詁爲蠹蝕，此三病也。

三病所階，至今爲厲。然因病發藥，亦貴勿傷本原。昧者不察，乃欲剷根削跡，併數千年傳統政治之理論及其精神全部毀棄，赤地新建，另造爐竈，一惟西土之是崇。此猶七巧拼圖，一塊移動，塊塊皆須改位。中西政理，各有淵源，此皆全民族整個文化之一部。文化更新亦需自本自根，從內身活力發榮滋長。非如拆屋造屋，可視國族傳統爲磚瓦死物，而以一二人之私智短見，自負爲匠心之獨運。

今之言政者，曰英、美，曰德、意，曰蘇聯，固已如數家珍，祕若王氏之青箱。問其傳統政制之沿革利弊，則往往瞠目結舌，不知所對。一若此不祥之噩夢，不足復追憶於光天化日之下。則不知壽陵餘子學步邯鄲，不惟故步難忘，而邯鄲之新步，亦有未可蹺足即能者。英倫憲政，姑勿遠溯，言其本國之演進，亦已逾七百年以上之歷史。俾斯麥乃謂英倫政黨政治，非吾日耳曼人所能操。今納粹黨之獨裁，亦已自俾斯麥威廉第二以來，遠有承受。若蘇俄布爾雪維克之勝利，端在其國內工農階級合併爆發，此乃西歐各國煽動無產階級革命者所馨香禱祝而終難倖遇之一境。之三國者，文化淵源本出一族，而立政定制，尚猶因勢利導，隨地成形。豈有建國於大地之上，而可寄託其國家民族安危存亡所繫之政治精神與政治理論於某一外國異族腳跟之後，隨其趨嚮以爲奔走之理？更豈有各挾一外國異族之政制政論爲標幟爲號召，自分朋類，相爭相笑，而謂可以措其國家民族於磐石之安之理？

然則欲完成建國大業，端在自本自根，汲出政治新理論，發揮政治新精神，使政局有安謐之象，而後凡百改進有所措手。而儒家思想之復活，中國傳統教育精神之重光，尤當為新政導其先路。

凡此所論，固不在彼我之較量，亦非為戀舊而怖新。愛國深識之士，當體斯旨。❻

❶ 英語政治 Politics 由希臘語 Plis 引伸，Polis 即城市國家之謂，如斯巴達、雅典、羅馬各國，皆只包一個城市及其近郊。拉丁語稱為 Civitas 由此引伸為文化 Civilization。

❷ 十九世紀初，歐人殖民地中約有奴隸七百萬，其死亡率之高，達百分之二十五，以前尚數倍於此。一八〇七年至一八四〇年間，自非洲輸入美洲五百萬以上之奴隸。黑奴之外尚有白人之半奴，所謂契約傭工是。尤以在北美殖民地中為最多。十七世紀時，其數超出黑奴以上。其中一部分為被處流刑之罪人，一部分為窮人。而殖民地規律對驅使奴隸之殘酷，及繼續的奴隸輸入（奴隸不能自行生殖），與掠奪的農業經營，皆為當時殖民地商業之基礎。

❸ 美國以人權自由為革命之標幟而建立新邦，其國體乃與我近似。故美國不要殖民地，菲律賓僅屬代治，將來當許其獨立。此為美國立國精神所寄。然美國亦以工商立國，最近已超越其以前孤立自守之孟羅主

義而與全世界相接觸。美國既主海洋自由，商業自由，若永不要殖民地，如何保持其主張，此爲世界最近發展中一有趣之問題。（今按：此次檀香山會議，美國態度顯有轉變。）至如中國明代之於安南、朝鮮、清代之於蒙古、西藏，僅爲其宗主國而許其自治，與歐人殖民地性質絕不同。

❹ 儒家無爲之治與道家理論不同。儒家以「仁」爲人道之極則，「孝弟爲仁之本」，而孝弟出於天性。盡性知天，故儒家之天道，證之於人心之孝弟。大學言「爲人君止於仁」是也。是儒家雖頗主君之無爲，而未嘗謂政治當無爲也。道家以「無」爲天道之極則，又曰「道法自然」，君即當代表此「無」，一任自然。所謂「天地不仁，以萬物爲芻狗；聖人不仁，以百姓爲芻狗。」君既無爲，臣亦不當有爲。蓋認政治根本當無爲也。墨家亦以君爲代天而治，又奉禹爲法，非無爲者。然墨家主君由民選，則亦無導獎君權之弊。惟民選君主之制度，以古代中國之情形論，頗不易實現耳。真爲擁護君權者惟法家，先秦思想只以儒、墨、道三家爲大宗，法家褊狹，向爲國人所輕。又道家重自由，墨家重平等，儒則二者兼盡，法家二者皆缺。此所申、韓卑卑，不足與三家並齒也。又西國中世以後有所謂開明專制者，亦與儒墨理論不同。開明專制之重心在君主，而儒墨政治理論，其重心均不在君主。

❺ 羅馬共和國既覆亡，遂有帝國，除皇帝外別無所謂長官。八千萬人之帝國政事，皆主於皇帝一身。皇帝之秘書與大臣，則皆自新自由民中拔用，大半皆外國人，故史家謂羅馬皇帝乃以從前之奴隸統治其本來之公民。即就後世西洋史觀之，其歷史上有關係之人物，有皇帝，有教主，有軍人，有藝術家、文學家、科學家、哲學家、探險家等。其他有爲皇帝管理財政者，有爲皇帝辦理外交者，而極少所謂大臣。有之，自英倫憲政之責任內閣始。中國史上不僅每一時代皆有所謂大臣，皆佔極重要之地位。而羣臣之地位亦極重要。更有所謂地方循吏，賢良的小區域的地方長官，在中國史上爲常見，在西洋史則少有。此亦見中西傳統政治形態之不同。

❻本文立論宗旨，並不謂現行歐西政論政制，絕無可爲中國取法學步之處。更非謂中國政治可以復古漢唐遺規，或甚至再立一個皇帝。然如辛亥革命以後，中國本只有一個國民黨，那時因歐洲尚未有一黨專政之新制度出現，中國模倣西洋，偏要勉强成立幾個政黨，結果遂爲北洋軍閥所利用，馴至洪憲稱帝，中國擾攘不甯者有年。又如中國社會本無階級對立，而近年來又因一黨專政轉入無產階級專政之理論，偏要勉强製造階級意識，國共之爭，所加於中國社會之損害，已不可計量。最近國難嚴重之際，尚不放棄共產革命之迷夢。然則前一段之取法英、美，後一段之效顰蘇聯，正可爲國人今後之棒喝。苟非自已能有一套政治理論，何以英、美者必是，蘇聯者必非，勢必學英語者主英、美，識俄文者主蘇聯。否則且看別人打架，英、美勝則主英美，德、意勝即主德、意。自己政治理論不能獨立，則一切國是從何豎起。若欲政治理論獨立，除非從自己文化傳統中找一條路發揮改進，此全與頑固守舊不同。辭煩不殺，幸讀吾文者諒之。又此文僅粗陳指要，其相關涉各方面，則非極論中國傳統文化之全部不爲功。

（民國三十年十月思想與時代月刊第三期）

# 二　中國社會之剖視及其展望

## 一

政治與社會互爲因果，中國以大一統國家行使信託政權，其政治與歐洲不同，其社會形態之演化，亦與歐洲異趣。近二十年來，國內學者好談社會，鄙視政治，其對中國社會之詮釋，又好以西史爲比附。或謂中國自秦以下，二千年依然是一封建社會，或謂秦以後之中國，乃一前期資本主義之社會，各持一見。比擬西說，亦未嘗無相似處，而中國社會之根本精神及其特性，則殊不在是。此當就中國歷史自身內部探究之。中西文化淵源各不同，未可以削足適履，襲取他人之格套，强我以必就其範圍。

若謂自秦以來二千年，中國依然是一封建社會，則試先問所謂封建社會之界說果如何？以政制言，中國自秦以下，國家一統，郡縣行政直隸中央，並非諸侯割據各自爲政。如西漢初年之大封同姓，東漢末葉之州牧，中唐以下之藩鎮，此乃一統政治下偶有之變象與病態，中國歷代政治之爲中央一統，而非封建，彰灼甚明。

以貴族階級之特權言，秦代似絕無貴族，漢自武帝以下，宗室功臣之勢力皆衰絀，各方平流競進，亦絕無所謂貴族。惟東漢以下漸有門第，因緣世亂，其在社會上之勢力與地位，益形增高。魏晉南北朝不啻爲一門第之世界。下逮盛唐，流風未歇。此輩儼然一古代封建貴族之遺蛻，然夷考其實，則大有不同。一則彼輩並無采邑，雖或封山錮澤，專擅自利，而政府時有占田占山之限，固未嘗承認有門第之特權，更無論於分土建國，自君一方，此不得謂之封建者一。二則彼輩服官就職，皆先之以中正之品狀，繼之以尚書之甄敍，雖曰「上品無寒門，下品無世族」，然此特一時事態，政治上絕無似古貴族世襲之規定，此不得謂之封建者二。其時士庶尊卑若有階級，部曲佃客若有私屬，然門第既無封土，又不世襲，則其役使平民，亦富室大家之恆事。若據此而指目爲封建，則古希臘、羅馬貴族，皆盛蓄奴隸，近世工商大企業，廣招工人，豈得皆以封建說之？況魏晉以來之部曲佃客，其身分尚不與奴隸爲伍。政府亦時加禁抑，佃客有限額，部曲有解放，清查白籍，厲行土斷，屢見於史乘，此不得謂之封建者三。大體言之，中國中世門第形成，源於東漢孝廉察舉之制度者爲大。時惟士人始得從政，家世傳經，即家世簪紱，魏晉南北朝以迄隋、唐，所謂盛門名族，固不以帝王血統，亦不以武臣功伐，復不以貨殖貲產。彼輩特以學業承緒，在政治上獨得尊顯，在社會上亦獨得崇重而已。唐以後科舉之制興，仕途大闢，印刷術發明，書籍流布亦易，士族門第遂爾絕迹，此等現象，豈可與西洋中世紀封建相提並論乎？

若就經濟狀況言，中國社會固以農業經濟爲主體，然農業經濟非即封建。西方學者言財政制度，有租稅國家與徭役國家之別。租稅國家者，以臣民爲租稅之泉源，因此其臣民有形式上之自由；徭役國家者，以臣民爲徭役之泉源，因此臣民遂成爲國家之奴隸。若以此返視中國制度，此即周官「任地任民」之別，亦即孟子「力役之征，與布帛粟米之征」之別。中國自秦、漢迄隋、唐，租稅徭役皆兩有之。然輕徭薄賦，爲歷代相傳大訓。漢租什五稅一，乃至三十稅一，力役則一年三十日而已。唐租僅四十之一，役僅二十日。又漢、唐皆有納錢代役之制。至唐中葉行「兩稅制」，而賦稅制度又經一大變。若以西方學者眼光論之，此乃徭役國家制之一大解放，由此而農民更得其自由。其後如北宋之「免役」，明代之「一條鞭法」，清朝之「地丁攤糧」，要之皆是「任地不任民」，皆承漢、唐納錢代役之遺意，皆偏向於爲農民服役之解放，而增高其自由之地位。徭役之最大者莫如兵役。就西漢言，全國臣民莫不有服兵役之義務。東漢漸放弛，魏晉南北朝，農民流離失所，淪爲部曲，降爲家兵，又盛行籤兵之制，二丁三丁至八丁十丁不等，然如東晉北府兵，已開自由應募之風。北周府兵制，復創選農訓兵之法。要之皆對國民兵役謀解放。唐代府兵上承北周，選農訓兵，即寓農於兵，而全國農民不必皆服兵役。自有鎮兵，直至北宋，而近世募兵之制遂與往古義務兵役爲代興。近人震慴於西邦之强力，怵惕於國家爭存之不易，而重唱國民義務兵役之必要。然中國已往政制用意，大體趨嚮於國家徭役之解放，國民自由之增進，則證據確鑿，不可誣也。

抑且不僅於此，中國傳統政論家，則往往不滿楊炎之兩稅制，蓋由此而中國古代政治爲民制產之精意全失，兼併之風益肆，唐中葉以下之莊園制度由此遂盛。然論者若竟以唐代莊園制比擬於歐洲中古世紀之莊園，則亦不倫。就歐洲情形言，莊園領主所最重要者，厥爲對國家獲得一種不受裁制之特免權 immunitas 中國兩稅制以後之大地主，則仍不過以金錢買收田畝，對政府納什一之稅，對佃户徵什伍之租（或不止），作一種轉手之剝削而已。當時所謂主户客户，實同受國家法律之制裁與保護。如宋仁宗天聖間，詔許客户自由起移，如田主非理攔占，許經縣論詳。當時田主議論，只謂田客屋廬牛具，皆由主户供給，非經三年耕熟一地，懇勿准其他往。此在古詩人碩鼠之詠，已有「三年去汝」之歌，又如王荊公行青苗法，客户即偏得向官借貸，此皆當時客户直接受政府法律保護之證。即就主户客户之關係言，除田地租耕外，亦不過經濟上常有一種乞貸，而主户之取息較高而已。貲產之貧富，非即法律上之君臣。不如西土莊園，田主即是封君。

且中國自推行兩稅制以下，雖不能再現古者計口授田之理論，然不患寡而患不均之制產思想，以及傳統之惘農觀念，則固常浮現於政治之上層。形勢影占，土地兼併，不斷爲政府所裁抑。小户自耕農始終爲中國農村之主要元素，大地主之罪惡，雖常記載於歷史，要之其比數則甚微。故中國社會雖以農業經濟爲主體，而就農民在國家法律上之地位言之，亦不得謂與歐洲中古時期之封

建社會一色。❶

二

歐洲史家論社會進展，謂封建社會之繼起者爲商業資本主義之社會。然此特彼中史家就其歷史過程推籀而得之理論。中西文化特性不同，其社會演變亦復異。今之論者，乃謂中國社會既非封建，則必爲商業資本主義之社會，因遂謂中國自秦以後爲前期資本主義之社會者，此亦同樣爲比附之論，非能抉發中國社會之特殊面目。

中國商業之發展，當遠溯諸戰國。其時如齊之臨淄，楚之郢，魏之大梁，趙之邯鄲，東周之洛陽，南陽之宛，曹、衛間之陶，皆新興之商業都市。然西洋中古時期以下商業城市之興起，乃在封建勢力之圈外，故商人城市與貴族堡壘爲敵體而代興。而中國之商業城市，往往同時即爲國家之首都，否則亦受其國政治之卵翼。若謂中國封建社會已破壞於春秋，則中國商業乃封建勢力破壞後之新產物。若謂中國封建社會破壞於戰國，則中國商業亦爲封建破壞過程中附隨發現之一新形態。要之中國古代封建勢力之破壞，並不由於商人勢力之興起，故中國社會之繼封建勢力而興者，亦不爲商業資本。

且彼中學者，對於社會形態之剖析，表面上雖若注重於生產工具之轉變，而實際精神則更注重於操握政權者之身分與背景。封建社會之政治權益代表地主，資本社會之政治權益代表商人，共產社會之政治權益則代表勞工。故彼土所辨社會形態，常與階級意識聯爲一談，泯除階級衝突，即無所謂社會形態。今請以此反看中國，自秦以下之政府，果爲代表商業資本者之利益否耶。若其不然，中國社會之商業雖已相當發展，固不得謂是商業資本主義之社會矣。

中國地大物博，即就國內商業言，舟車貿易之所通，百里千里如在户庭。以此所有，易彼所無，皆可以獲厚利，得奇贏。然而商業資本終不發達，則由中國傳統政治對之常加裁節故。試讀史記貨殖傳，當時商人資本之勢力，亦已灼手可熱矣。然自武帝推行鹽鐵官賣、榷酒酤、立平準、均輸、算緡諸法，而商人之氣焰大削。循此以往，中國國內商業繼續發展，名都大邑，軌轍相接，飛錢交子鈔票之使用，足證國內商業資本流通之頻繁。然凡民生日用必需而可以操縱牟大利者，如鹽、如鐵、如茶、如酒、歷代政府莫不有統制，米穀則有常平，商人資本無可衝決而突進。以言工業，則中國常採一種委託工業制，由政府集中經營，視需要爲生產，以極有限之剩餘供販賣，此如鹽、茶、陶、磁、礦冶、織造諸業皆然。西方工場制度則異是，此皆由私人自由經營，彼輩乃運用經濟競爭上有名義自由而人格意志上無實際自由之手工業工人，爲無限量之生產，以造成資本之膨大。此其不同者一。

以言國外商業，中國自秦以下，西北陸路西南海路兩交通線，梯航往返者不絕。而西南海上一線之繁榮，尤時時見稱於史乘，交廣海舶，自東晉、南朝以來，即目爲利藪，當時謂廣州刺史但經城門一過便得三千萬。唐代尤甚。廣州一埠，大食、阿拉伯商人寄居者達二十萬人之衆，當時乃有市舶收稅之制。宋代爲市舶特設官司，其稅收乃爲國家度支一要項。明代鄭和通使南洋，遠迹及於非洲之東岸，較之西土甘馬、哥倫布等，尚在其前數十年。然而中國海外商業雖甚發達，亦仍不能形成資本勢力，則仍是中國傳統政策時加裁節之故。

## 三

說者或據此詬厲中國政治之重農抑商，此又近是而未盡。左傳言「通商惠工」，孟子主「關市譏而不征」，儒家固無抑商之論。大抵賤視商業，乃在道、法兩家。道家視人類文化爲罪孽，其不樂商業經濟之發展無足怪。法家獎農戰，斥商業，鄙文學，乃以褊狹的統治階級利益爲立場。如韓非之六反，即是階級意識衝突極明顯之表示。漢代學者力主重農抑商者爲晁錯，晁錯治申、韓，其主移民殖邊以制匈奴，即農戰政策。若夫賈、董之流，謂彼輩有意於節制資本則有之，謂其抑商則未是。大抵中國傳統政治意見，於國內商業未嘗不主保護，惟於資本膨大則絕所反對，所謂「不患寡而患不均」是也。故武帝鹽鐵、算緡、均輸、榷酤諸政策，雖亦以摧抑兼併爲藉口，而在當時以及後世之論者，每不直其所爲。通商惠工之與摧抑兼併，二者貴乎斟酌而兼盡。若以此擬之歐洲中世紀商業城市之興起，則遠相違異矣。蓋中國商業常受政府之卵翼，而歐洲中世商業城市之特起，則正與當時封建勢力相對抗。故彼輩之特點，往往以一城市爲一單位，內部自相團結，以誓盟爲約束，以武力爲護禦，夫而後始可以向外經營而牟利。故歐洲中世商業之崛起，自始即帶有團體鬥爭之性質。如公司之組合，如武裝之保衛，皆就其特殊之環境而産生。歐洲商業城市之內在特徵，既爲團結、誓盟、防禦，其對外自爲分裂、自由、鬥爭。封建勢力即爲此輩所推翻，而王權則藉此輩而抬高。所謂民族國家之完成，民主政治之創建，胥由此輩新興勢力所推動而主持。直至於今，歐洲國家向內向外之姿態，即莫非此中世紀商業城市姿態之承續與演進而已。❷然則彼中學者自稱其社會爲「商業資本主義」之社會，洵爲恰當。若轉而視夫中國，則國內政治既屬一統，商販貿易本所保護。政令之所達，即舟車之所通，❸居者販者，皆得自由謀其什一之利，本不需團體之誓盟，更不需武力之防衛。然而中國商人之終止乎小本經紀，而不能更爲膨大資本之發展者，則亦由此。此其不同者又一。

再以言夫國外之貿易，當歐洲中世封建諸侯四分五裂之際，商業城市之興起，其貿易之特徵即爲向外而非向內。及夫民族國家之創建，雖較之商業城市遠爲恢廓，然就全歐洲言之，則仍一四分五裂之局面。故彼時商業之特徵，亦仍爲向外而非向內。中央王權既有賴於商人之擁護，而國家財政亦憑藉國外通商爲支持，政治與商業，二者乃常密切聯繫而不可分割。專就英國言之，其例自顯。彼固以海軍與國外商業立國，其先則商船、海盜、軍船，三者常混淆不易辨。蓋國內之商船即可以爲國外之海盜，而國外之海盜即可以爲國家之軍船。彼邦今日之所謂上流社會 gentleman，其先人往往即海盜，此在彼邦固不諱言。統治印度之總督衙門，其先固是一商業公司，此尤大彰明較著者。故彼中史家謂自十八世紀中葉以前一百四十四年間，英國對外戰爭六十六次，其發動皆在毀滅敵國之商業。即以今日論之，所謂「殖民地之重分配」，所謂「歐洲新秩序」，所謂「海上自由」，何莫非是。若就中國言，一政府居於廣土衆民之上，彼固無俟乎以國外商業爲維持。中國之對外貿易，常不過爲濱海或邊塞貧民，放任其自謀生計而已。若進而足以引起對外國際間之鬥爭，對內社會上貧富過度之對立，則其事常爲政府所不樂，而時時加以阻抑。故在明代，如梁道明、陳祖義之類，雖亦能稱雄海外，王據一方，而因無本國政府之助力爲之後盾，其勢終不能久。此在中國傳統觀念視之，僅亦如虬髯客之流，目爲破格之人傑而止，固與整個國家政治社會文化演進之理想不相洽。此其不同者又一。

然則中國自秦以來，雖國內國外商業皆已有相當之發展，而絕不能以資本主義之社會目之，又斷斷然矣。

## 四

中國自秦以後之社會，既非封建社會，亦非商業資本主義之社會，具如上論，然則中國自秦以前，其固爲一封建社會乎？曰此若近似矣，而實際復不同。西洋中世紀封建時代之社會階級，有騎士、有教士、有田主、有農民。彼中第十二世紀某主教之言曰：「上帝之世界凡三重，有戰爭者、有剝削者、有工作者。」此西洋封建社會之面相。中國當春秋戰國之際，亦有所謂「士」，然而異乎所謂騎士教士者。士職不在戰爭，亦不在傳教，而在從政。進不得從政，則退而善俗。孔子曰：「學而優則仕。」「三年學，不至於穀，不易得也。」又曰：「學也祿在其中矣。」「士志於道而恥惡衣惡食者，未足與議也。」孟子亦曰：「士尚志。」「出疆則載贄，三月無君則皇皇如也。」「志士不忘在溝壑。」又曰：「窮則獨善其身，達則兼善天下。」管子之書亦言之，曰：「聖王處士必於閒燕，士羣萃而州處，父與父言義，子與子言孝，事君言敬，長者言愛，幼者言弟。」「使士之子常爲士。」「非信士莫得立於朝。」而士之來源則常在農，管子曰：「農之子常爲農，其秀才之能爲士者則足賴也。故以耕則多粟，以仕則多賢，是以聖王敬畏戚農。」又曰：「制國以爲二十一鄉，商工之鄉六，士農之鄉十五。」

故中國社會有特殊之點三：

一、特有士之一流。

二、士常出於農民之秀者，後世之所謂耕讀傳家，統治階級不斷自農村中來。

三、工商與士農分品，故中國傳統政治常重農，而工商資本常不能發展。

故中國古代封建社會之崩潰，貴族特權階級之消滅，其事不由於商業新城市之興起，不由於工商資本之得勢，而由於儒墨百家九流之學所謂「士」之崛興。試一披春秋、戰國史乘所載，一考自孔子以來迄於李斯，諸子百家在當時學術、思想、政治、社會各界實際所佔之地位及其所有之影響，則不煩言而明。

中國古代封建社會之內容及其所以崩潰之原因，既與西洋中世紀不同，故繼封建社會而起者，亦與歐邦有別。漢代之所謂孝弟、力田、茂才、賢良，此即古者農民之秀才爲士而立於朝之旨也。官吏不得經商牟利，此即古者士農與工商分鄉之意。賢良察舉以及官吏不得經商牟利之禁，此皆發自董仲舒，此即遠承古代儒家「士治」主義之理論。故自武帝以來，中國政府之組成，既不在於貴族，亦不出於軍人，而爲一種建立於民衆信託之上之「文治政府」。蓋操之於非宗教、非封建、非專制、非商業資本之另一中層階級之手。此即後世之所謂「鄉紳」與「讀書人」，此即封建時代所謂「士」者之化身。彼輩之經濟背景則曰耕讀傳家，彼輩之宗教信仰則爲儒家思想與家族觀念，所謂「詩書孝弟」，此即融歷史、民族、傳統文化與小我生命而爲一；自人心之孝弟推而有家族，自家族推而有國家民族之傳統，自國家民族之傳統推而有歷史文化之敬仰。所謂詩書者，此即一民族國家歷史文化傳統之所寄。故重孝弟非自私，尚詩書非守舊。農民之秀者，受此等教育之培養，乃可以信託而付之以國家民族之政權。至於從事於工商業者，其志常不免營營爲身家謀財利，此非理想中之信託人也，故國家之政權，常靳而不與焉。❹然則中國社會之傳統精神及其理想目的，有可得分析歷舉者：

一、常求農村經濟之活潑繁榮，常使有秀民出乎其間。

二、國家常重視教育與考選制度，使秀民常得成材以立乎朝而主政。

三、通商惠工，常使四民樂業，而社會勿有過貧過富之判，又常使行政者與牟利之途隔絕，使政治常保其清明。

當漢之初興，在上惟宗室與軍人，在下惟貨殖與游俠，蓋在上者乃古封建社會之遺型，在下則商業資本之新興勢力。❺當是時，苟非有一理想控縱之、馳驟之，使之改途而更嚮，則中國社會或可以走上歐西之路徑。乃自武帝董仲舒上下相應，以儒家言治天下，國家設學校，興賢察孝，在上既不依恃宗室與軍人之私勢力，在下亦不許豪家富人之橫行，不久而全局爲之改觀。自宣帝以下，非儒生明經學，即不獲入政治，亦無以見尊於社會，故曰「黃金滿籯，不如遺子一經。」自是而儒林獨行代貨殖、游俠而起。故秦始皇爲中國創統一之局，而漢武帝則奠其文治之基。其間一再頓挫，先則殭化於東漢以下之門第，而復回蘇於隋、唐以來之科舉。唐人好大喜功，黷武成災，又顛簸於藩鎮之驕兵，而復再定於宋人書院之講學。惜乎宋之於唐，矯枉而過正，國力不競，屈辱於遼、金，覆亡於蒙古。

自元人入主，而中國傳統社會之面目爲之劇變。當是時，則有皇室、有貴族、有軍人、有僧侶、有商人、有地主、有書吏、有醫生、有工匠、有農民，而中國社會自先秦以來之所謂儒士者，則驟失其地位，而下與乞丐爲伍。若求中國社會貌相之較近於西洋中世紀者，蓋惟此時爲然。然中國自秦以來傳統統一政府之形式固猶未破棄而盡。當是時，階級與階級互相衝突，商人與僧侶迭爲領袖，循此推演，移步換形，或可走上歐西今日之路徑。而明祖光復，中國傳統社會之精神得以再興。

然而明代之不勝其弊者，在上則廢宰相爲專制之階梯，在下則行八股爲人才之斲喪，循至政敗於上，俗敗於下，而滿清入主。清之與元又不同，蓋不欲以劇變激動中國之人心，而其欲遏塞中國社會之傳統精神而絕其生命，則一也。故其廢宰相如故，行八股如故，而加之厲行文字之獄，刀鋸鼎鑊，銼屍滅族，無所不用其極，又屢屢燒書，威脅利誘，箝制學者使噤默不敢一舒其氣。而乾、嘉以下之社會，遂循至土崩魚爛而不可收拾。

此中國先秦以來二千年社會隆污盛衰之大概。先秦百家之興起，漢之察舉，唐之科第，兩宋之書院講學，此四者，蓋賦與中國傳統社會以生命而又營養之者也。故稍稍治中國史，言學術必曰先秦、兩宋，言政制必曰漢、唐，職此故爾。

# 五

然則中國傳統社會，將謚以何名，錫以何號？曰，此已先言之，西方學者所論社會形態，要本於階級之對立，若泥其階級，則社會形態根本無可辨。蓋西方乃階級對立之社會，而中國則融和階級之社會，乃超階級而泯之之一社會也。故凡以西方學者所論社會形態，按之中國，常有其相似，而終見其不相似。然中國社會不許有階級之對立，而常嚴「流品」之辨。故西方社會之亂常起於階級之衝突，而中國社會之亂則常起於流品之漫失。

今之學者，聞言流品則顰蹙，聞言階級則色喜，若惟恐階級意識之不鮮明，又惟恐流品觀念之不漫滅。然則，若而人者，蓋惟恐社會之不亂而已。生乎其心，害乎其政；發乎其政，害乎其事，而惜乎其不自知也。雖然凡此云云，亦僅指自秦以來迄乎清代乾、嘉之際則然耳。若自海通以還，道、咸而降之中國社會，則其色相與精神又復大變，不得以前說律之。蓋中國社會之對於經濟，常有一傳統觀念爲之控勒，即不使有大貧大富之對立是也。孔子曰：

貧而樂，富而好禮。

此中國人理想中貧富之界線。荀卿亦言之，曰：

使欲必不窮乎物，物必不屈於欲，兩者相持而長，是禮之所起也。

董仲舒又言之，曰：

> 大富則驕，大貧則憂；憂則爲盜，驕則爲暴，此衆人之情也。聖者使富足以示貴而不至於驕，貧者足以養生而不至於憂，以此爲度而調均之。

故中國人非不言平等，而平等有寬度，常使富者能好禮而不至於驕，貧者能樂而不至於憂，即平等矣。富者逾其限，使不能好禮而陷於驕；貧者不及限，使不能樂生而陷於憂，是爲不平等。中國人亦主有自由，而自由有節限，即以平等之寬度爲自由之節限。若富逾限，貧不及限，則政府加以調均，否則盡其人之自由。故通商惠工，憫農恤貧，皆所以使其不至於不及限。受祿者不爭業，治業者不授官，皆使其不至於逾限。中國社會之所以謀長治久安者在此。

中國未嘗閉關自絕於世，然西北西南凡異族之與我以商貨相貿易者，亦各止於通有無，所謂「物不屈於欲，欲不窮乎物，相引而長」。雖有治亂盛衰，要之中國社會傳統精神常在是。及乎道、咸以降，而情勢大變。其變之權則不在我而在人。蓋歐洲之所謂通商，其先即爲一種集團之鬥爭，其後又濟之以國家政府之武力，其事乃與中國傳統商業觀念所謂「通有無而牟什一之利」者大不同。蓋彼輩必淪商場爲殖民地，然後可以暢其尾閭之洩，然後可以恣其敲剝、快其朘吸之求。故商場即戰場。彼中商人足迹之所至，常不啻鐵騎之蹂踐，礮火之轟炸。如鴉片之强賣，租界之佔領，關稅之攫奪，此種通商，乃非所謂通有無，而實爲資本主義之侵略。中國對內既常不許有高度資本之發展，而對外則無以拒高度資本之入侵。中國社會內部，雖不許有貧富階級之對立，而其對外之關係，則不能擺脫貧富之相形。於是近百年來，中國社會在其對外關係上，則陷爲一破落赤貧階級而無以自拔，此等形勢，爲中國社會創古所未經，惟孫中山先生巨眼識破，謂中國乃一次殖民地的國家，則今日之中國社會，實乃一次殖民地的社會。

今日中國社會中未嘗無封建勢力，亦未嘗無資本勢力，❻然而此等勢力皆不滋生在吾社會之內部，而特憑藉外力以凌駕跨肆於吾上。所謂殖民地者，其地乃專供某一國商品之傾銷，專爲某一國敲剝其體膚，朘吸其膏血。而次殖民地則羣喙所啄，羣爪所攫，惟有開放門户，以待四方諸强之恣其敲剝、快其朘吸之機會之均等焉。在此社會中，而有翹然特出者，則必買辦階級仰仗外力以沾溉其餘膏剩馥者。

# 六

西方學者每言經濟決定思想，若此論而確，則中國社會今日所流行之代表思想，亦即一種次殖民地之思想也。今日國人談文化、談歷史、論政治、論社會、言建設、言改造，莫不引經據典，以西洋爲依歸。不曰英美，則曰德意；不曰德意，則曰蘇聯，羣言龐雜，莫衷一是，而一是於西洋，此正次殖民地思想之最好標記。

故今日中國而不言建國則已，若言建國，首當先自擺脫其次殖民地之地位。中國欲求於次殖民地之地位自拯自拔，則首當有以抗衡外來資本主義之侵略。而於此則又有難者。中國社會之傳統精神，既素不許有資本勢力之產生，一旦欲盡變其故常以與歐、美傳統資本主義相角逐，此一難。中國之淪而爲次殖民地之地位者已歷有年數，一旦欲奮然自脫，而外力又層層壓迫，不使如志，此二難。

蓋中國社會之組織，有與西方根本相異者，彼爲濱海文化，而我則爲大陸文化，彼爲城市社會，而我則爲鄉村社會，此其判然不同者也。彼自希臘市府經羅馬建國而迄十四、十五世紀文藝復興時代意大利諸城市以及北歐諸城市下逮今日各民族國家之完成，蓋莫非以城市社會爲中心，彼中常以中古時期之封建社會目爲農業文化之楷式，今以觀之，彼中之中古時期，特彼土傳統文化中一頓挫一變象，若論大陸農業文化之代表，則在我不在彼。

城市社會之文化，常以個人之自由樂利爲結合，而以商業資本之向外流通爲憑藉，內之則尚契約而有憲政，外之則尚侵略而有武裝。鄉村社會則以氏族之天然聚落爲結合，以勤生產而儉消費爲經濟之保障，以忠孝誠實相互信託爲政治之基礎，以和平自足爲對外之信條。兩者相遇，鄉村常若見絀於城市，而截長補短，通大體而論之，則亦互有勝場，而鄉村社會常自有其堅凝不敗之定力焉。

曠觀近代各國，英倫可爲傳統濱海商業文化之模範。德、法兩國之質地，似可兼帶大陸鄉村文化之傾向，而未能發皇暢遂以臻成熟之境，此皆徘徊瞻顧於兩途之間，而終不敵其濱海城市傳統之薰染。蘇俄則純粹以大陸國而受濱海城市文化之撫育而長成。美國則以濱海城市文化之嫡系而出居大陸之家庭。要之，彼等皆濱海文化之血胤也。獨有中國，乃以四千年之積累，爲大陸鄉村文化樹一舉世無二獨特之標幟，巋然如魯殿靈光之獨秀。際此商業資本勢力彌漫天地叱咤風雲之會，我社會欲求自存，則計惟有「民族集體造産」之一法。

所謂民族集體造産者，既不背大陸鄉村文化之傳統，亦庶有以抵抗外來經濟勢力之壓迫，而所以肩此民族集體造産之重任，而爲其主持領導之中堅者，則仍有待於國中之優秀知識分子，即傳統之所謂「士」者身先之。故今日之士職，乃當於從政善俗之外，又益以「興業」與「厚生」。而此興業厚生者，實乃往昔從政善俗之新方面，仍當與衆人小己之皇皇求私財利者不同。必如是而後中國民族經濟始有一出路，中國次殖民地之地位庶有擺脱之望，而自本自根之建國大業，始有其基點。否則徒震驚歆羨於歐洲資本主義之猖獗，而誤以個人自由階級鬥爭爲民族回蘇之秘方，鄙棄中國傳統文化於不顧，則惟有常此沉淪，陷於歷劫不拔之苦窟而已。

❶ 一八七六年出版之新風土記 New Dme Domespagsdag Book，內載英格蘭及威爾斯僅四千個地主，即佔總面積七分之四。其間貴族的地主約二千二百人，已佔總面積二分之一。又十九世紀初葉俄國農民，概屬於佔有全土九成的貴族十四萬人所有。每週須有三日在領主直屬地勞作，與西歐中世紀中葉之狀況無異。一八六一年始發布解放貴族隸農令，被解放者達二千三百萬人，解放土地達三億四千萬英畝。此等現象，蓋爲中國歷史一向所未有也。惟法國農民泰半屬自耕農户，然此亦非所語於中世紀之情況。

❷ 城市乃西方一種獨特之形態。當中世紀時，城市有其自己固有之法律與法庭，在某種範圍內有自治的行政組織。城市常爲由誓約結成的團體所產生，而非自然的聚落。蓋其最先爲一種防禦團體，自行武裝、自行訓練，乃一種在經濟上有自己防衛力者之團結，而成一種商人軍隊。而戰爭亦使城市日趨富饒，長期之和平，乃爲市民所不耐，中古時代之商業，乃城市與城市間之商業，非個人或國家間之商業。商人並非獨立，而僅爲其同業公所中之會員，其時各城市民，雖同屬一國，亦相視如異族然。其後城市富人之勢力日增，國王乃始召集城市代表商議國政，並乞其輸款以裕國庫，而城市始漸與國家混合。西方市民階級之概念，乃完全與資產階級之概念相當，一面與貴族教士對立，而另一面則與無產階級對立，此乃西方人所特有之概念，在中國社會又絕無此等例子。城市產生政黨與市民政治（即民主政治），城市又產生藝術與科學，城市又產生宗教制度，猶太教完全爲都市產物，而古代基督教亦與都市有密切關係。然則謂西方文化乃一種城市文化固甚貼切，而此種城市在中國歷史上固絕難見其縱影。

❸ 法國在十七世紀末葉，通國仍只有三分之一屬於完全自由的交通區域，德、意兩國之統一，則入十九世紀以後。無怪馬可波羅遍歷中土諸大城市，詫爲奇異矣。

❹董仲舒政策，謂「受祿之家食祿而已，不與民爭業。夫皇皇求財利，常恐匱乏者，庶人之意也。皇皇求仁義，常恐不能化民者，大夫之意也。居君子之位，而爲庶人之行者，其禍患必至矣。」是庶人憂匱乏，固爲君子之所恕，而君子既受祿，則不當復憂匱乏。至於專謀私家富厚，更非君子所當爲，此乃儒家傳統思想，而奉爲歷代政治上之戒律者。唐六典：「凡官人身及同居大功已上親，自執工商，家專其業，皆不得入仕。」又曰：「工商之家不得預於士，食祿之人不得奪下人之利。」又曰：「辨天下之四民，使各專其業。凡習學文武者爲士，肆力耕桑者爲農，工作貿易者爲工，屠沽興販者爲商。」又曰：「工商皆爲家專其業以求利者，其織紝組紃之類非也。」此近世湘鄉曾文正公所以身爲顯宦，而時時督其家庭婦女爲鹽菜織布等細業。然而此等風格與意義，乃絕非現代中國官吏之所與知矣。

❺漢初游俠亦變相之貨殖也，此層詳於拙著國史大綱。

❻彼土學者自言殖民有封建的殖民與資本主義的殖民之辨。大體西班牙、葡萄牙對殖民地常取封建的形式。荷蘭、英吉利則取資本主義的形式。蘇維埃操縱第三國際，殆有意爲共產主義的形式之殖民歟。

（民國三十年十一月思想與時代月刊第四期）

# 三　農業國防芻議

## 一

中國一大陸農國也，遍國中皆農村，遍國人皆農民。使中國而有軍隊，必為農民軍隊。使中國而有國防，必為農業國防。此事理之至昭顯者。抑且惟農民，强韌篤實，乃為理想之戰鬥員。漢、唐武功赫奕，馬其頓之勝希臘，羅馬之滅迦泰基，皆仗農民軍隊。即論近世，拿破侖之震轢全歐，普魯士之崛興，俾斯麥之叱咤風雲，亦皆農民軍隊。當今德、蘇鏖戰，會師數百萬，聯陣數千里，以決進退賭國運於槍林彈雨之中者，亦以農民軍隊為主幹，為中堅。今雖科學日新，機械萬變，大洋之艦艇，高空之飛機，千奇百怪，層出無已，然兩軍決勝之基點則仍在大陸，軍隊組織之纖維則仍屬農民。繼此以往，惟有大陸農國，武裝精備，始足以龍飛鷹揚，得志於天下。否則雖有艨艟千艘，雲壘萬架，苟無大陸步隊之配合，不足以邀最後決定之勝利。世變雖亟，此理可懸諸國門，無待卜筮。

夫言國防，披幕抉障而如實言之，則亦曰「富强」二字而已。國富兵强者有國防，國貧兵弱者無國防，此兩言而可決者。故爲中國謀國防，即爲中國謀富强耳。欲富中國，先富農村；欲强中國，先强農民。使中國農村皆富，農民皆强，則中國之國防已立。若農村凋殘，農民疲癃，徒有坦克重炮，飛機巨艦，如披鐵甲於羸夫之身，只自速其僵仆。則請言所以富農村者。

# 二

吾嘗行於野，見良田美疇，眺望無際，而村舍皆茅茨，農民裋褐不完，異而詢之，則所耕非其田，皆城市富人之田。夫豪强兼併侵凌，自古而患之，必耕者有其田，而後農村有富足之望。抑不盡於此，中國農業之盛，莫盛於長江一帶，然其田畝皆畸零割碎，有小農，無大農，極而言之，即使耕者有其田，八口之家，夫婦戮力，胼手胝足，得不凍餒，已爲小康。何以自競於此萬國工商角逐之場？故欲謀富農村，厥有兩道。一曰農田私有，二曰農田公有。惟其私有，乃可以避兼併，免剝削，期於均平。惟其公有，乃可以通力合作，分工互利，運用機械，大量開闢，期其豐盈。其鎔冶公私兩有之性質於一型者，即是中國歷古相傳之井田制度。

輓近疑古成癖，井田之良法美意，久不爲學者所稱道。抑北魏之均田，唐代之租庸調，豈不猶師井田遺意。惟在古則不患寡而患不均，在今則人我相競，惟寡之患。故必既求其均，又求其足。必既均且足，乃可以自存於今日之國際，則魏唐均田猶所不逮，而當反之古者井田公耕互助之舊法。古者一夫治田百畝，略當今三十畝餘耳。因地之宜，就人之便，或以十夫爲一村，或以百夫爲一村，則一村之田，可有三百畝乃至三千畝。古者八家共一井，共治公田而又各治其私，守望相助，疾病相扶持，而有無相通焉。今使十家百家共一機器，亦使共治公田而又各治其私。惟古者公田少，私田多，今當反其道而行之，以公田爲主，今之公田即私田也，特私有而公耕之，以省人力。復有私田，則供園蔬欣賞，備私怡悅焉。其守望相助則有村警察；其疾病相扶持，則有村醫院；其有無相通，則有村銀行、村金庫、村合作社與村保險行。略以今之一村，當古之一井。盪其阡陌封疆，廣疇平田，規爲大農。運用新式機器，以豐其收穫，而建根寧極於吾皇古先民歷久相傳之美德懿風，以厚其基而固其本，使民族文化與時代經濟相融協，內聖外王，物阜民康，必始於是。

夫古之所謂井田，亦不過爲一種公耕互助之農村而已，非謂盡天下之地，必罫而方之，井而九之也。故井田之外，有森林、有牧場、有塘堰、有礦冶，斧斤之利，魚鱉之養，牛羊犬馬之畜，金玉寶藏之産，則惟貴族巨室之私而擅之。今當變其意，相地之宜，因物之便，於農村之外，規爲林區、牧場、漁塘、礦山，或歸國家官有，或歸諸村公有，而私家之擅則禁。若道路之修築，城郭之興建，河渠溝洫之疏濬，凡大工程大興革，古者皆由貴族督導農民通力公爲之，今亦師其意，變其法，或由國家率領，或由農村自治，一出於通力公爲，而去其貴家巨室之私指搗焉。

夫中國，農國也，故富國必富農，而富農之道，又不盡於上述。農作之，工成之，凡農業之生產，必經工事之完成。否則有作無成，猶如不作。工農不配合，仍無以自立於今日國際財貨競進之場。古者凡工業皆設官世襲，有陶氏、有匠氏、有皮革百物之專氏。此皆農民之俊巧，食於官而專其業，世其職而不遷，而爲貴族巨室之供奉。今復當師其意，變其法，不屬於貴族巨室而屬之國家，或歸之諸村公有，集十村百村之所產，可以有一紡織廠或皮革廠，由是推之，而由國家設爲學校，教之專業者司理之。

農之所產，工之所成，其相與通有無而交易者則有市集，有商賈。古者井田之世，商人亦由貴族御用，一猶工人之世其職而食於官焉。今亦變其法，師其意，凡商販之業，大者隸於國，小者屬諸村。若是，則工商百業皆以富農而利國，不復蠹農而病國矣。

古者村必有社，社之爲道，禮樂之所寓，鼓舞之所寄。教之樂之，皆託於社而存。後世村集必有神廟、有佛寺，報本反始，祈禱戲賽，以興以羣，以觀以怨，文學藝術皆由此啟，宗教風俗皆由此播。故農村豐樂，則諸務皆起。農村凋敝，則諸務皆衰。一國之宗教風俗，文學藝術，禮樂所本，皆視農村經濟榮枯以爲之準。深觀微辨之士，必有以默喻其所以然者。

古者農村有賢父兄、賢長老，其生也，稱鄉先生或爲鄉大夫，沒而祭於社。後世有鄉紳，亦其遺也。退而治其鄉者，進則治其國，而爲公卿士大夫。鄉之於國，上下一氣。故孔子觀於鄉，而知王道之易易。

## 三

夫中國，農國也，農村猶中國之心臟。言經濟者必以養農爲先，而後可以足國，猶人之血液集心房，而後可以養身。輓近百年以來，中國處列强財貨角逐之場，漏巵日增，農村破產，此如血不歸心，心房日縮，血行日竭，百脈營衛，皆趨枯槁。其不大病而死者幾希矣。今不以復興農村爲首務，而高譚國防，是不揣本而求末之齊，譬之築浮屠於流沙之上，顛危傾頹，有不可立而待者耶。

故今日而求振國防，其本必先興農村。農村豐足，則農民皆健男壯丁。農村凋敝，則農民皆瘦夫羸卒。昔北周創爲府兵，籍民六等以上有才力者爲之。夫六等以上，皆中上之家，故得武勇成羣，以開統一之運。隋、唐踵其成法，而兵威震爍於異域。宋人募兵，其先尚有兵様，然以兵様募兵，是僅問其身，而已忽其家，雖得武健，不足以成紀律之師。久之則既忽其家，不復得再問其身。所養皆尫瘠，唐、宋武力不堪並論，此其一端。古今未有集疲癃而可以成雄師者，未有會羸劣而可以爲勁旅者，亦未有食不飽，力不足，而可以稱糾糾武夫者。故强兵必先富民，此又不煩論而自定之說。

且民貧則愚，民富則智。愚則怯弱，智則精強。今日兵爭，先恃器械，鬥智急於鬥力，故兵隊不僅需壯夫，又亟需智士。孔子有言，既庶且富而後教，又曰：「以不教民戰，是爲棄之。」今日之戰，更不可以無教，而今日之中國，則雖庶實貧，非先富亦無以施教，故曰「復興農村實爲國防之首務」。

昔管仲教桓公，作內政而寓軍令焉。制五家以爲軌，軌爲之長。十軌爲里，里有司。四里爲連，連爲之長。十連爲鄉，鄉有良人，以爲軍令。故五家爲軌。五人爲伍，軌長率之。十軌爲里，故五十人爲一小戎，里有司率之。四里爲連，故二百人爲卒，連長率之。十卒爲鄉，故二千人爲旅，鄉良人率之。五鄉一師，故萬人一軍，五鄉之師率之。卒五之人，人與人相保，家與家相愛。少相居，長相遊。祭祀相福，死喪相恤，禍福相憂，居處相樂，行作相和，哭泣相哀。夜戰聲相聞，足以無亂；晝戰目相見，足以相識；驩欣足以相死。是故以守則固，以戰則勝。今推此意求之，欲爲寓兵於農，則古者丘井連鄉之意足法。欲爲寓農於兵，則後世北周、隋、唐府兵之制，明代衛所之規可做。管仲曰，軍令既寄於內政，而甲兵寡，猶未可。今日高譚重工業建設以爲國防基礎者，此皆患甲兵之寡而謀其所以足，乃治兵，非振旅。治兵非不急，而振旅尤爲先。足兵非不要，而足食尤爲本。居今而求振旅足食，則莫如復興農村。居今而求復興農村，莫如遠師井田遺意，近規大農新法。使農田皆私有而公耕之，斯於經濟、武力、文化三者融徹一貫，庶乎王霸兼行，富强之與教化，内政之與軍令，合一而並舉。則請復更端而重論之。

# 四

夫中國，農國也，農之病在於散。中國之離封建也遠，民之散久矣。顧亭林日知錄，嘗低徊其言之。河東裴村之記，可謂憂深思遠。孫中山先生唱導革命，至引會黨以自重，亦不獲已也。頃讀潮陽陳翁論國防，主興宗法以爲之本，亦有見於此矣。

然古者「老吾老以及人之老，幼吾幼以及人之幼」。善推此心，可以保四海，四海之内皆兄弟也。擴此仁孝惻怛，又何限於宗族之閾。古者合廟而祭爲同宗，合旗而戰爲同族。國之大事，惟祀與戎，貴族之編制以宗族，而庶民之編制則以鄉井。今封建已隳，貴族無存，氏族相糾，不如鄉里相團，與其求復宗姓，何如重整鄉井。此其一。

大學言「修身、齊家、治國、平天下」，此乃千乘百乘之家，非五口八口之家也。夫五口八口之家，父子兄弟夫婦之至戚，豈有身既修，而閨房之内，骨肉之親，猶有不齊之理。故知古之齊家即爲「鄉治」。田子泰在徐無山中，糾合宗族，並及鄉黨。横渠張氏，藍田呂氏，規復井田，創制鄉約，宗族鄰里，義不相害。古昔封建之世，自當以宗族率導鄉里，今者庶民爲政，復當以鄉里孕涵宗姓。故古言「敬宗恤族」，今當言「敬鄉恤里」。古言「齊家」，今當言「齊鄉」。此亦道與世爲隆污之一端也。顧鄉何以齊？曰齊之以氏姓，不如齊之以衣食；敬之以宗廟，不如敬之以田里。若復古井田之制，使吾民得通力合作，有無相共，本諸衣食而爲教化，而渙散之民可以復聚，其爲國防之要，當無有更切於是者。此其二。

化爲大農，可以用新式機械，可以用新式灌溉，新式施肥，可以省人力而增收穫。可以分工易事，凡畜牧飼養蔬果林魚之利，皆可以化零爲整，取精用宏，豐饒百倍。此其三。

農村既富，農產饒衍，工業隨興。凡紡織、陶磁、製紙、製革一切生活日用新舊工業，民富則易教，智發則易奮。工業建基，必本於此。此其四。

工農配合，國力充盈，然後對內可以建軍，對外可以通商。商之與軍，始不爲吾病而爲利。否則工窳農楛，民生憔悴，建軍則增其負擔之重，通商則速其朘吸之竭。以建軍通商求富強，而不以工農奠之基，是與影競走，終不可及之數也。此其五。

抑更有進者，鄉舉里選，本周、漢以來相傳舊法，中國傳統政治所寓之民主精神，即託基於此。中山先生建國大綱，亦以縣自治成立爲憲政開始，而縣自治之完成，尤必植本於農村。故農村者，實中國歷古至今之政治基點，國家大本所在，政治經濟，皆於是焉肇始，亦皆於是焉歸宿，溯古證今，無二致。若農村凋殘，農民疲敝，則如木無本，如水無源，政治失其重心，縱復永永鈔襲稗販外洋之貌似，得其皮毛，喪其神魂，雖有百變，無可一成。必使農村富力充沛，農民皆因富得教，因教得學，夫而後退可治鄉，進可治國。今以後將以公耕合作之新農村，爲建國建政之水泥鋼骨，庶乎上符傳統文化本源，旁適世界潮流新趨，康莊坦途，由此發軔。此其六。

西方文化，一徹頭徹尾之商業文化。商業文化，肇始於都市，亦歸宿於都市。都市愈擴大，財貨愈集中，商業文化即漸趨熟爛而腐敗。中國則爲農業文化，農業文化肇始於鄉村，亦歸宿於鄉村，鄉村愈繁榮，資產愈散布，農業文化之生命，乃益悠久而安定。古希臘、羅馬以及近代西方商業文化，既達飽和沸點，即慼惴惴不可終日，而中國文化綿歷五千年，所以深根寧極，日擴而益大，每轉而益進者，皆在此。今西方商業所以突飛猛進，盛極一時，因與新工藝相配合。然工商配合不如工農配合之强韌而堅實。中國前途厥有兩歧。一者原本傳統農業精神，而以新工藝扶植而護翼之，就農業基礎加建新工業，如以老幹萌新條，此一途。否則外炫於異域工商盛勢，原田每每，捨舊謀新，如潰頹堤，洪波氾濫，使外洋工商大瀾汩汩流入，淹滅舊農業而促其沉淪，此又一途。洪瀾横決其勢驟，老幹萌新其事緩，然孰得孰失，必有能辨之者。惟欲求老幹萌新，不得不先事於培壅翦剔，則創爲公耕合作之新農村，其要著也。此其七。

古訓有言，兵猶火也，不戢將自焚也。强梁者不得其死，古今灼例，更僕難數。惟農業文化獨爲和平之文化，亦惟農業國防，始爲持久之國防。今而後言國防者苟仍寶我和平，戒其强梁，則捨農業國防無可取。果師井田公耕之意以求其均而足，法府兵衛所之制以期其强而固，以保甲社倉爲治安，以書院鄉約爲教化，工廠則附麗於田野，城市則融貼於鄉村，政俗文教則導源植本於農業，興國爭存則歸宗復始於傳統，如是則不與富强期而富强自致。以言國防，莫固於是矣。此其八。

## 五

或曰，子言誠可歆羨，然井田之難復久矣，子何言之易也。曰，是不然。北魏均田，明代衛所，其實皆井田遺意也。戰亂之後，人士流徙，田隴失主，誠使國家預立規模，因其機宜而整理之，事不甚難。今者，抗戰已逾六載，內地農村之流離破壞，畎畝無主，屋舍爲墟者十三四矣。邊區曠地，可以移民墾殖者，十亦一二。是田之可均，村之當新者，幾已强半於國中。昔有經亂招墾，國家多爲之立草舍，備耕器。今使政府先事綢繆，爲之規建新村，使十家百家聯楹合棟而爲居，儉於茆茨，而適如華屋。又爲之散給機械，教以新法，播種省力，餘夫必多。再爲之經營措置，有鷄塒，有豕圈，有牧場，有魚塘，有森林果園菜圃之屬，各各分工而治。其生事所需，較之畸零割碎，以舊法五口八口小農分耕爲活者，必豐衍百倍。生業既豐，則爲之設學校，建公墓，立禮堂，創戲院，澮浴池，闢運動場，築娛樂廳，一村煥然，千村耀目，慕效惟恐或後，烏在其爲難。

或曰，子言辨矣，然物之不齊，物之情也，巧拙惰勤，盡人而異，子欲倡爲均田公耕，毋乃非人情乎？是亦不然。夫工廠，集千百工人於其內，豈不亦巧拙勤惰有不齊，然工廠可以合作，則烏在農田之不可以公耕。工廠合作所得，乃爲廠主，非爲工人，工人所得，一日之工薪，猶尚千百工人黽勉以赴，朝夕給事無誤者。今使農田公耕而平分其所獲，烏見不如工廠之集事。

或曰，人情各顧其私，農田與工廠異，不可以法令部勒之，互顧其私而公務必隳矣。是又不然。今政治號民主，將使全國公民參預而共治，若使人各顧其私，又誰爲法令以部勒者？必將待法令部勒，則民主政治終不成，建國終無期。吾之所謂公耕者，乃公耕其相互之私耳，而所私又近在耳目之前，使並此而不能相協以成，則國家政治烏乎得而舉？故創爲公耕之新村者，正所以訓練其公心，使之漸習焉以進而操國政。否則一村不治，何論一國。今謂公耕農村不可能，是無異謂民主政治不可能。然則彼之所謂民主政治者，必無異爲一種愚民之招牌矣。區區之意，則正以農村公耕爲導民從政之一術。夫中國一大陸農國，故必有公耕之新農村，而後可以有政治之真民主。

或曰，子之陳義誠高，其奈吾民之不堪驟而企及何。曰，是復不然。吾此所論，雖若新闢，實則吾傳統文化之所蘊崇趨嚮，固若是也。其遠暫勿論，自宋以來，凡吾農村所有，保甲、社倉、書院、學田、義莊、祠堂，一切規爲措置，士大夫忠誠惻怛以唱導之，而田夫工人敬謹率循之勿渝，以爲中國農村維繫之命脈者，其實皆是物。識時務者爲俊傑，變而通之使民不倦，烏在乎一聞均田公耕之義而適適然以驚乎?故吾曰：溝通文化、武力、政治、經濟而一以貫之，以爲建國固防之新基者，必於是乎在矣。

潮陽陳伯瑜先生，生平無一面緣，聞聲相慕，遠道貽書，並輾轉以其所著國防論書後一種「興復宗法爲國防之本」見示。有所悵觸，而草斯篇。

（民國三十二年八月思想與時代月刊第二十五期）

# 四 戰後新首都問題

## 一

有些國家常有首都問題之發生，而有些國家則否，何以故？正爲立國體制不同故。大略言之，國家可分兩類：

一爲自然國家。

一爲人文國家。

前者可稱爲「單式國家」，後者則應稱爲「複式國家」。此等國家之分別，一檢地圖，即可得之。

如西歐古代城邦國家，共爲單式的自然國家，可以勿論。即如近代西歐民族國家，依理言之，仍爲一種單式的自然國家。即如西班牙、葡萄牙、法蘭西諸國，他們都有自然的疆界，環繞着他們自然的民族，此之謂自然單式的國家。無論西歐科學物質方面之演進，其程度高深爲如何，論其國家之組成，則依然不脫自然單式之階段。惟此之故，英格蘭與愛爾蘭始終不能融和凝合，成爲一體。其連合殖民地所成之帝國，又當別論。

至於中國，則自秦漢以來，早已脫離自然單一國家之雛形，而進到人文複式國家之階段。所謂「人文國家」之意義，正指其國家之創建，全由人文化成，而不復爲自然的地形與民族之隔閡所限。若中國人不能進到人文國家的階段，則如陝西一省，所謂「關中四塞，沃野千裏，東封函谷，西阻隴坂，南抵秦嶺，北屏河套」，正可長爲一自然單式的國家。此即古之秦國。自秦而南有蜀，四川形勢，「北蔽劍閣，東鎖三峽，南不渡瀘，西不踰岷」，一樣可爲一自然單式的國家。自劉焉以來，在此負嵎立國者，亦復不知其幾起。自秦而東爲晉，山西地形，「西南帶黃河，東北倚太行，所謂表裏山河」，依然可成一自然單式的國家。雁門之外有代，五嶺之南有粵，皆古之建國。論中國地理形勢，不曉得可以劃成幾多的自然國家。中國人在科學物質方面之演進，較之西歐誠見遜色，然論政治人文，則中國人之偉大表見，實爲舉世莫匹。中國自秦以來，早爲一人文複式的國家，與歐西傳統的自然單式國家大異其趣。此爲本文討論首都問題所欲首先提出請人注意之一點。

在自然單式國家之首都，自有他顯明的客觀自存的地位，用不着討論。此如英國之倫敦，法國之巴黎，德國之柏林，都有他們的自然形勢，交通經濟各方面，有他們的自然價值與自然地位。譬如一人之身，孰爲頭腦，孰爲胸腹，不辨自明。然使多人集合，如會議，如學校，如軍隊，則孰爲頭腦，孰爲胸腹，不得不別具意匠，經營創造，而非自然呈現。因此在人文複式國家，首都之選擇，實爲一至重極要之事。一國家之規模與精神，只看其首都之選擇，已不啻如示諸掌。中國自秦以來二千年，首都所在地，時時變動，正爲此故。

## 二

太抵一國家的規模與精神，有時取順勢，而有時則取逆勢。有時守靜態，而有時則守動態。取順勢守靜態則爲退嬰時代，取逆勢守動態則爲進取時代。

中國地形，西北高而東南下，山脈河流，全從西北趨向東南。氣候則西北寒冷，東南和煦；物產則西北楛瘠，東南豐饒。因此中國人之向東南發展，常在一種順境靜態下完成之，而不免帶有一種退嬰之象。中國人之向西北發展。則在一種逆境動態下完成之，而亦帶有一種進取之致。若把握住這一觀念，來考察秦、漢以來二千年首都移轉內部意義，便朗若列眉，一無遁形。

二千年來的中國，秦、漢、隋、唐爲一期，宋、元、明、清爲又一期。姑以秦、漢、隋、唐爲前期，而宋、元、明、清爲後期，則前期中國主要在西北，後期中國主要在東南。前期中國大勢爲進取，而後期中國大勢爲退嬰。前期中國之首都常在洛陽與長安，後期中國之首都則在汴京與北平。南京在前後兩期中均曾取得國家首都之資格而絕不見其重要性。茲再一一分析論之。

秦、漢、隋、唐時代之中國，其立國重心尚在黃河流域。當時立國形勢，則東西橫線重於南北之縱線。戰國人羣指秦爲西方，六國爲東方。當時西方以武力勝，東方以文教勝。秦人統一六國，乃西方之武力戰勝東方之文教。其時秦都咸陽，尚沿襲舊的自然單式國家即戰國時代之秦國之遺蛻。及漢高祖崛起豐沛，平定天下，即天子位於定陶，而正式建都則在洛陽。洛陽乃東周以來東方之首都，漢以東方人得天下，自願建都東方。時獨婁敬、張良勸高祖西移關中，高祖以問羣臣，羣臣皆山東人，爭言其不便。而高祖獨聽婁敬、張良之諫，終往長安。其時匈奴河南王、白羊樓煩王，去長安近者七百里，輕騎一日一夜可以至秦中，而秦中新破，人民稀少。漢廷遂大徙六國彊宗豪族以實關中，此後屢世奉行，成爲故事。並定陵寢移民之制，直到漢元帝時，此制始廢。亦直到此時，關中人户始充實，匈奴外患始平息。關中雖稱沃野，然實不足供養一首都。在六國秦時，及漢、楚相爭時，已頗仰賴巴蜀與漢中。及西漢建都長安，歲漕東方粟，中流砥柱之險，勞費甚大。其時文化經濟皆在東方，而敵國外患則在西方，漢代所謂關東出相，關西出將，大抵朝廷大臣皆籍山東，而隴西六郡已爲邊塞，人習武藝，皆以良家子從軍，備羽林宿衛之選。循此數端論之，西漢之都關中，實取逆勢。若順勢自然則不如都洛陽，一則可遠邊陲風塵之警，一則朝廷官僚皆來自東方，一則可省轉漕輓粟之勞，又一則可省移民徙家之苦。西漢至元帝時，乃復有主遷都洛陽者，如翼奉之徒是也。此等理論醞釀已久，及東漢光武中興，乃建東都，更不西赴長安。當時如班固、杜篤之倫，皆致稱嘆。若論軍事形勢，則長安地近羌、胡，實嫌豁露，洛陽乃中原腹地，又可反鎖函、潼以自固，故東漢常不以邊患爲慮，偶有羌禍，率主護民內徙，朝廷端居，曾不有所警策。然正以此故，東漢常爲退嬰的國家，不如西漢之動進。

再以文化風教言，洛陽素稱中原，關中僻在西戎，板屋之詩，蒹葭之詠，其社會之荒傖，文教之簡陋，自不能與洛陽相擬。故東都教化屬於自生，而西京文物則出人造。諸陵不斷移民，豪富大貴，游俠姦人，五方雜處，風教不淳。西京守三輔者非治劇之能吏不能勝任。東都則人民不待遷而足，風俗不待變而淳。首都附近，三河之郡，豫州、潁川、汝南、梁、陳之交，皆人才所薈萃，雲蒸霞蔚，集於京國。東都太學生盛至三萬人，而李膺爲司隸，以風度雍容爲理。此以較之前漢，若過之遠矣。然正以此故，東漢始終爲一種清一色的社會，不如西漢異人並出，常得度外之人才。故東漢僅能守成，而西漢實能應變。

再就大體言，中國地形，既自西北傾向東南，山脈河流全向東南貫注，一切風氣土物，亦削於西北而積於東南。若非有一種人力爲之驅策，則東南常有沉澱壅滯之患，而西北則有寒荒剝落之象。西漢因建都關中，故東方人物經濟不斷向西輸送，而全國形成一片，血脈常運，元氣常調。東漢因建都洛陽，東方人物經濟，其西上僅至洛陽而止。函潼以西，受不到東方暖氣，其本土僅有之人物經濟亦不斷向東滑流，漸枯漸竭，終成偏痹之症。此爲人文國家選擇首都不當因仍自然條件之第一義。

再次則中國本爲一農業文化之國家，農業文化之長處在純一，在安定，而其病害亦由此生。西漢建都長安，正因爲是一人造的首都，其自然環境本嫌不足，人物經濟皆仰賴外方之接濟，因而其中央首腦，常帶一種複雜的動進性於不自知覺之中。而此種複雜的動進性，實與農業文化之安定純一相得益彰。東漢建都洛陽，則純爲當時農業文化之本色，雖使國民一時有調洽寧定之感，然純一變爲單調，安定變爲惰退，則如以水濟水，失其調劑。

再以國家形勢，譬之人身，儻以中國爲一大人，西漢則頭腦在關中，洛陽其胸部，河、濟、江、淮之下游則腹部也。頭腦常在前方，故西漢立國形勢，乃不斷輸送東南胸腹部之人力物力運向西北頭腦部分，繼續向前推進。頭腦豁露在外，時時有清新寒冷的刺激，胸腹包蔽在內，時時有溫暖安全的衛養。東漢則不然，譬之人身，將頭腦倒裝在胸部溫暖安全處，使全身運轉不靈，常見疲緩滯呆之象。在高祖初年，婁敬、張良之用心，初不過欲憑藉關中險塞，來應付諸侯跋扈的局面，乃不期而合於當時大一統建國之規模。東漢刻意振刷文治，開始即都洛陽，未嘗非顧惜社會物力運輸之艱難，並遷就一般東方人觀念，然卻種下了半身偏枯乃至疲癃不健的症候。

我們只把兩漢東西都建國形勢之不同，便可說明上文所謂順勢逆勢動態靜態以及進取與退嬰之相異及其得失所在。

## 三

魏晉以下，中國人精力物力，更見委靡，再無此大氣魄西都長安，他們僅能逗留於洛陽而止。東晉南渡，北方衣冠盛族，索性如潮水般前擁後擠相率南遷。依中國之地形與天氣，東南移則順，西北移則逆。在東漢時，江、浙、湖、湘之間，本已不斷開發，東吳割據建業，東晉、南朝襲其成規。若長安為中國大人之頭腦，洛陽為心胸，則建業成了尾巴。若此大人倒轉方向，以建業為頭部，以長安為尾巴，則形成一種逃遁畏避之狀態。由建業向長安乃逆勢上趨，非有精力物力之驅邁與支撐不可。由長安向建業，乃順勢下游，不煩排布，自然滑去。桓溫抗志北伐，先議遷都回洛，一時過江名士，聞聲反對，可見當時南方人之意態。

北魏崛起平城，至孝文帝決意遷洛，此則又與東漢都洛用意不同。東漢都洛為退嬰，而北魏遷洛則為進取。北魏立國，譬之一人，乃坐北而向南，平城乃其堂奧，洛陽則為前門。魏孝文決意遷洛，用意初不專在羨慕中國之文化。其另一用心則在以洛陽為繼續南侵混一江左之出發點。北魏建都洛陽，則其北方人物精力可以不斷向南輸送，積集在洛陽，再往南推進而攫取長江。故洛陽為當時南北所必爭，桓溫與魏孝文同樣認識此局面。北魏之由平城遷洛陽，正猶如秦孝公由雍遷咸陽，俄彼得大帝由莫斯科遷彼得堡。然當時北魏已見衰象，鮮卑人已無高瞻遠矚之胸襟與氣度，彼輩樂居故土，畏遷新邑，罕能瞭解魏孝文之遠志。勉强入洛，即沾染中原委靡享樂的惡風尚，此正是鮮卑人內心枯竭精力已盡之明徵。以當時鮮卑人之惰退委靡，無法運用魏孝文逆勢動進的國策，洛陽終於解體，而北方重分爲東西兩部。結果依然是在周、隋兩朝手裏混一了中國。

儻使中國像一件器皿，它是偏向東南傾側的，非在西北部繫扣住一個重心點，他將不得穩定，永遠向東南方滑下。儻使中國像一棵樹，他的根柢盤固是在西北，其東南雖則枝葉扶疏，滋膏榮華，卻要靠西北做命脈。儻使中國像一個人，他朝向西北是上進，他轉向東南是後退。東南有享用，西北卻只有磨練。東南有引誘，西北卻只有打擊。東南可資休養，西北則只有奮鬥。西漢人早說過，始事常在東南，而收功實者在西北。中國人向以春夏擬東南。秋冬擬西北。人到西北乃見天地嚴凝之氣，若拋了西北，則有春夏無秋冬，有溫和無嚴凝，功實不收，生氣不全。

隋、唐復都長安，正是中國人經歷長期磨折後，精力復旺，氣魄復振的一個極好象徵。若論長安人力物力，自然條件，依然不夠做首都。隋代開運河，轉漕江、淮之米，又於洛陽設東都，皆以此故。若順勢自然，則將如隋煬帝流連江都，樂而忘返。唐代長安盛況，依然出諸人造。且當唐之初年，突厥正强，鐵騎直到渭水北岸，唐太宗匆忙中輕騎簡從，與之隔水而盟，這是何等緊張的局面。然中國只有建都長安，纔能全身策動，吸集東南方人力物力不斷輸送到西北去。如此始得渾身血脈流貫，精神抖擻。亦惟如此，再得奮發前進，不敢懈散惰退。道家長生術有提心化氣提氣化神之說，此亦是一個逆勢，一個動態。全神聳動，鼓舞生養，否則順勢自然，便漸漸倒塌下去。漢唐兩朝代表著前期中國之極盛時期，決非偶然。

# 四

五代以下，中國又入衰運。只看五代十國中間便無關、陝在內，其時中國人物精力，已不再能向西北方鼓送，因此西北在中國史上失卻其應佔之地位。

北宋開始混一，然北宋不論不能建都長安，抑並不能建都洛陽，而開始在汴京住下。這才注定了後期中國衰運之先兆。宋太祖非不想西都洛邑，只因順勢自然，顧念到兵糧竭乏，漕運艱難，因此留住汴京。漢高祖初平項羽，即下令兵隊復員，漢初並無籌備大批兵糧之束縛與困難，因此一聽到婁敬、張良之言，可以即日西遷。宋初無此力量，中央政府養兵二十萬，既不能帶兵西遷，又不敢棄兵東駐，只有隨著軍隊遷就糧運，在汴京住下。宋代建都，雖說順勢自然，其實是無勢可據。歷代建國，無如宋人之弱者。

至於遼、金、元、清四代建都燕京，則又別有因緣。此四代皆崛起中國東北方，燕京正爲其進瞰中國之前門。故此四代之都北平，正如秦孝公遷咸陽，魏孝文遷洛陽之故智，取便動進向前，臨制中原。此四朝之都燕，所爲者乃對內之控制，非對外之奮張。轉漕江、淮以事給養，倚憑北方老巢，作爲退步。雖則是同樣吸集東南人物精力向北輸送，而實說不上所謂血脈流貫與精神抖擻。元、清兩代之中國，其內裏實分兩體，蒙古、滿洲不肯放棄其部族政權之私心，則燕京只爲凌駕中國之據點而已。

明太祖驅除胡元，定都金陵，若論當時人物精力，固已薈萃江、淮下游，在此建都，正如漢光武之定居洛陽，只能成一個靜態的政治。而當時北方强敵未消，不得不特駐重兵，外重內輕，遂來「靖難」之變。明成祖毅然北遷，始一反太祖之順勢靜態的退嬰政策，而改爲逆勢動態之進取政策。明代得有四百年恢張龐大的局面，不得不說是成祖之功。

明成祖之遷都北京，實與元、清兩代之建都北京，用意不同。元、清都燕，如人坐北而向南。明之都燕，則如人坐南而向北。元、清其情在制南方之反側，明人其情在阻北方之入犯。所以明成祖之建都燕京，實得漢、唐建都長安之規模，同樣爲一種逆勢動態的進取國策。而明代國運，亦差可與西漢、唐人媲美。惟漢、唐時代（前期中國）之形勢，東西橫線之重要勝過南北縱線，而宋、明時代（後期中國）之形勢，則南北縱線之重要勝過東西橫線，此爲其異點。

東漢都洛陽，只在東西橫線之中途，未能盡量吸集東方人物精力輸向西方。北宋都汴京，只在南北縱線之中途，亦未能盡量吸集南方人物精力輸向北方。皆不能照顧全局，未能盡量發揮人文國家之體制，故東漢、北宋皆為弱國。明代挾南趨北，與漢、唐吸東注西形勢相似。惟中國地形自西北傾向東南，若重心懸繫在西北，則全身警策，全身靈動。若重心懸繫在東北，則西北一角終難提挈。血脈精神終有一處掉空落陷，終不能全身活潑緊湊。此明代建國規模之有遜漢唐處。若元清兩代，根本又當別論，此為後期中國所以不如前期中國之主要大原因。讀史者能擴開心胸，以遠神眺矚，可悟其意。若循行數墨，則將疑其言之若河漢而無極。

今再拓開一步論之，吾人從高向下，從冷就熱，從曠大處向狹小處，常有一種舒服安穩之感。反之，若從低向高，由暖向冷，從狹處入曠境，則易覺有一種奮進邁上之意。而不幸中國歷史人文之大趨勢，則常為由高向平，由冷向暖，從曠向奧，雖若舒服安穩，而奮進邁上之意一失，則其民族精神將不免於懈弛而惰退。西漢之與唐、明，則在逆其勢而加以策動與鼓舞。東漢、北宋，隨勢自然，則振作無從。

若以此意看歐洲史，則與中國適成對比，西歐文化始起希臘，漸次西向而達羅馬。中古以還，又自西、葡、荷、法而至英倫，最近又轉向大陸，自德抵蘇。綜其進向，乃不斷由平趨高，由暖趨涼，由小地面轉到曠大處。故全部歐洲史，乃若精力瀰滿，不斷有奮進邁上之概。中國則顯然有從高寒曠大滑向低溫稠小之趨嚮。然說者若據此而認為中國民族精力懈弛惰退之證，則亦未然。何者，歐洲諸邦始終在自然國家之階段，羅馬戰勝希臘，日耳曼諸族戰勝羅馬，高寒曠大戰勝低溫稠狹之區而與爲代起。故羅馬吞滅希臘，日耳曼又吞滅羅馬，彼此即以所吞者自養。其歷史雖遞禪而下，其精神實互爲起滅，不相通貫。中國歷史則不然，中國文化乃自始即由高寒曠大處向低溫稠狹而發展，而仍能保持其高寒曠大之命脈與生根。故西歐爲迭仆代興，而中國則蹶而復起。根據上述觀點，最近中國之將來，實有倒挽東南人物精力重新吸向西北之必要

今就中國史上歷代建都分五區域言之，其在中央者曰洛陽，西北區爲長安，東北區爲燕京，東南區爲金陵，西南區爲成都。其他則不在討論之列。成都僅屬割據，依照地形，斷無全國首都落在西南之理。金陵亦僅偏安，明初雖以南京爲全國首都，只是曇花一現，不作準數。金陵適當長江下游，譬之人身，當屬臍部，決非首腦之區。北平建都雖亦近及千年，然大體是東北部族政權壓迫全國之一據點，只有明代三百年爲例外。儻統籌中國全局，又縱攬兩千年立國經驗，則此後中國新首都仍當面向西北，而洛陽自不如長安之適當。茲再分端論其利害。

## 五

橫觀全世界各民族，其文化發揚燦爛一時者，莫不經歷相當期間便成老去，因此近代西方人衡論文化：頗疑其亦如個人生命，不免有生老病死之必然經程而無可逃脫。獨中國適成例外。竊謂民族究非單體生命之比，若得常有新刺激，常投之新環境，自可不斷有新精力繼續萌生，而此

民族遂永獲不老之象。近代之例，如英倫之移民北美，即其證。中國正因處境闊大，從不斷的新刺激，醞釀出不斷的新精神。

約略言之，春秋、戰國時代，人文中心實在東部，而齊、魯爲之最。衛、宋已較次，三晉中原又次焉，而西部秦國爲最後。稍北如燕、趙，稍南如楚、越，皆不得預於當時人文之正統。即在西漢，依然以山東齊魯爲人文首區，而燕、趙、梁、楚次之。及乎東漢，人文基地漸移而西，梁、陳而往，人文特熾。及魏、晉失緒，中原喪亂，人物播遷，經大翻動，於是西北則轉而至甘涼，東北則轉而達遼瀋，東南則踰江跨海，西南則度嶺越嶠。中國經此一大翻動，各處均得從新環境下萌茁新精力。一到隋、唐統一，各處風雲湊會，當時的中國忽然生機勃發，氣象一新，正爲此故。然就大體論之，漢、唐中國人文，依然重在北部，不重在南部。吳、晉、南朝之局面，多半乃僑客之力，非江外人文所自創闢。直要到唐中葉以後，江淮人文乃日盛日大。

下迄宋代，南北漸成倒轉，江南人文乃始凌駕於大河兩岸之上。明、清兩代，尤其是江、浙文物，絢燦昌明達乎極點。然最近百年以來，中國在世界形勢之大轉動中，又不斷開闢了新環境，賦與中國人以新刺激。浙、閩、兩粵，因其濱海通商之便利，開始邁步走上新途徑，太平天國一番龍競虎鬥，全由湘、粵人扮演主角，革命人物，乃及平定革命者，多半屬諸西南。而南洋僑民之海外移殖，尤爲注意近代中國人之新發展者所矚目。最近對日抗戰，西南爲後方大本營。

不久的將來，西南諸省，無論人才物力，一定要在中國史上繼長增高，佔得一嶄新位置。

至於東北最近百年來，魯、燕諸省大批移殖，以他們强韌堅厚的毅力，配上富源無盡的新天地，又值强鄰窺伺，國際風雲動盪衝突，直到「九一八」以來，淪陷喪亡之苦，在東北人民的內心，更蘊蓄了許多無可言喻之感。東北人在近三四十年的中國史上，早已嶄露頭角。目下雖一時沉淪，不久的將來，一定要突飛猛進。其人才物力，均將成爲新中國建設時代之一支生力軍。我們放眼一看此百年來之變化，雖則驚心動魄，創鉅痛深，但中國人顯然又在新環境下領受新刺激，在新刺激下醞釀出新精力。此種新精力之表現，即爲中國民族新生命之復始。

現在放眼一看，長江、大河兩大流域之下游，魯、燕、江、浙爲中國自古傳統人文基點精華所萃。魯、燕爲北部，是前期中國漢、唐時代之人文基點物力中心。只論山東一省，其人物精力，自古到今直上直下，始終站在全國各區域之最前線，而未見其過分的衰頹與窮絀。吳、越雖較齊、魯爲後起，然其人物精力，一樣的站在全國各區域之前線者亦已經歷千年以上之時期。只照中國地形，山脈河流，風氣變動，自然傾向，便積聚到齊、魯、吳、越一帶。由此而上，爲燕、爲遼、爲東北。由此而下，爲閩、爲粵、爲西南。東北、西南正在預兆著新中國之新生命。中國最近當前之人物精力，似乎成了一個半環形，正是大陸與海洋交割的邊緣，恰恰成了一個半環，而以齊、魯、吳、越當此半環線之中點。此半環線則圍拱著泱漭曠蕩的大陸。這一個大陸，正為中國人的命脈與生根。無盡無限光芒燦爛的歷史與文化，正在此大陸上產出。漢、唐極盛時期最豐熾最繁榮的首都所在地長安，便是此一大陸之中心。由此向正東向東北向西南，向上面所說之半環地帶，距離約略相等。這一個半環之對此中心，真有萬國冕旒，八方風雨之概。

中國本是一個大陸農國。中國傳統文化，亦是一個最標準最理想的大陸農國的文化。中國人已往在大陸，中國人之將來依然要在大陸。中國人已往是農國，中國人之將來依然仍是農國。只不過要成為一個新大陸的新農國而已。上面所說海陸交割地帶之半環線，不夠代表整個的中國。整個中國尚有恰恰與上述半環線，遙遙相對的另一半環，此乃以新疆為中點，東北至蒙古，西南至西藏的一半環。依照中國已往歷史，中國人面對此一半環的時候，常是中國人奮進與邁上的時候。僅中國人反過身來，面對海陸交割的一半環的時候，則雖若順勢自然，卻不免常帶有逃遁退嬰的意味。新中國之最近將來，儻將採取一種逆勢動態的奮進國策，則新中國建國第一方案，便該再反過身來，重新吸集那海陸交割地帶的半環線上的一切人物精力倒灌到正相對的半環線上去。否則中國將成一半枯痹的國家。譬如日月之蝕，一半光明而一半模糊，一半鮮艷而一半黯澹。

不僅如此，中國的中心地域，也正在黴爛腐敗，漸漸如挖瓜瓤，愈挖愈進，中心已空，僅存外皮。長安、洛陽從前是中國最光明鮮艷的所在，現在則模糊黯澹，正如爛瓜瓤般，若不挖去，勢將累及皮層。此種情態，中國歷史上也早已經歷過。當魏、晉擾攘之後，洛陽、長安空無居人，那時中心地域之腐爛，較今尤甚。中國得此一大變動，因傳統人文基點物力中心之大破壞，人物精力播散四外，入新環境，獲新精力，到後再湊集還歸，締造出隋、唐統一盛運，而洛陽、長安乃如明日之日重當中天。

最近一百年來的中國衰運，直到目前之大抗戰，中國人文基點物力中心幾乎全部淪陷，全部翻動。中國人在此大變動的新環境下，只要有魏、晉時代人之精神氣魄，此下無疑，便是第二期的隋、唐新運。中國人若能接受歷史教訓，便該慕效漢、唐。中國人依照傳統人文建國之經驗，當用平衡原理，謀使全國人物精力活潑交流，融成一片，如此則中國正該向內陸西北發展。

照農業上輪耕番休的道理，長安、洛陽內陸中心，雖在漢、唐古代極其光明燦璀之盛態，但此一千年來，已漸漸没落，漸漸荒棄。長安、洛陽雖是古世界，同時卻是新天地。雖非渾沌未斵，卻已返璞回真。若使我們吸集海陸交割地帶半環線內之人物精力重回到漢、唐故地，一面固然富於歷史上之憧憬與回憶，一面亦幾於是到了新闢的疆土，新創的天地。依然是一種新環境，依然有一種新刺激。依然可以醞釀出新精力，培植出新生命。我們向西北發展，不僅是平面上的平衡，抑且是直線上的溝通。不僅是地理經濟上的交流，抑且是歷史文化上的復活。我們要返老回童，要在逆勢與動態下重新從低下溫暖的所在，爬上高峻寒冷的故鄉。我們依然要從小地面復歸到大地面去。這是我們的奮進與邁上，這是民族之再生。

## 六

再以國防觀點論之，中國歷來大敵外患，在北不在南。無論是西北或東北，總是踞高臨下，佔着大地面來掩蓋小地面。中國的南方，象徵着和平進展，北方則象徵着奮鬥競存。已往如是，最近的將來依然要如是。人類大戰爭仍將在大陸上展開。國家民族決生死的戰爭，必在大陸上演出。中國是一大陸農業國，將來工農配合發達，決不怕海疆封鎖。在此民族思潮澎湃橫溢的時代，仗着幾十條海上船艦，運載少數軍隊，可以滅國併邑，此事幾難想像。中國人只要暫時不想攫奪海外殖民地，中國的國防，主要者必是陸空配合的大陸國防，即是北方國防線。中國北部大陸陷入敵手，則中國人將被趕入海裏，宋、明如是，馬其頓之於希臘，日耳曼蠻族之於羅馬，形勢亦復如是。

我們若採用西漢與唐代逆勢動進的國防形勢，則將來中國新首都亦有向北遷移之必要。否則中央首腦安居江流狹仄的安全區域，斷不能極度發揮大陸奮進的戰鬥效能。若果效法隋、唐東西兩都的形勢，則新中國之建都，應在長安，而以北平爲陪都。從長安到北平劃一橫線，約略相當於黃河平原之地帶，即代表前期中國漢、唐精神的地帶，應使成爲新中國之首腦指揮地帶。全國青年受國家政治、教育、宗教、哲學各部門精神方面之訓練培養者，以集中此地帶爲相宜。壯闊的地形，嚴肅的天象，深沉古老的歷史文化之遺跡，全在此地帶上。這一地帶表示着中國民族之堅毅强韌篤厚偉大。大政治家、大教育家、大思想家、大宗教師、大軍人，全應在此地帶受洗禮。自此以北，益高、益冷、益曠、益大的邊疆區，應成爲新中國之兵庫。萬里長城即其最好的象徵。新中國人應在此帶建設活的萬里長城。

自此以南，以五嶺山脈爲界線，又可劃成兩橫線，即是長江平原與珠江平原之兩地帶，前一地帶是代表後期中國宋、明精神的地帶，此一地帶應使成爲新中國之胸腹營衛地帶，文藝、美術、科學、工業應在此一帶發皇。此一地象徵中國民族之活潑溫良清新智巧，這是家宅中之花園區與書房區，不當在此建立大禮堂與紀念碑。最南一線，代表着近代中國之新興精神，與大海相吞吐，與世界相呼吸，工商製造，往來貿遷，這裏象徵着新中國之動盪，將與最北一線象徵新中國之凝定者遙遙相對。

將第四線配合第三線，將第一線（最北一線）配合第二線。古今中外一以貫之。人文建國之平衡凝結，勢必如此形成。若戰後新首都仍逗留在第三線上，雖亦順勢自然，博得大多數國人之贊成，並取到目前一時之便宜，然而人文國家的大體制，歷史國家的大精神，終將無從發揮，到底抉發不出中國民族內心深處的至高情緒。勢將逐步退嬰，逐步偷惰，南方兩線上的人文基點物力中心永遠推送不到北方兩線去。尤其是中國的西北角，爲中國山川形勢祖脈所在，中國文化歷史漢、唐盛業由此造成，現代中國之中央地帶，亞洲大陸衝盪鬥爭的大局面，萬一在此開幕，偏在東南角江海丘陵小局面下之人物精力，必將無此指揮駕馭的大力。要運使長刀闊斧，非得騎上馬背。若徒步小卒，縱有神力，亦無刀斧迴旋之餘地。

我們從歷史、藝術、軍事、政治、哲學、文化、經濟、地理各方面各條件的眼光與理論來衡量戰後新中國之首都問題，斷然應向北遷移，尤其應該西北重於東北，中心重於偏隅，大陸重於海疆，則長安厥爲首選。若其現在的荒涼破壞，則不足爲我們討論百年建國的大政方針之一難。

（民國三十一年十二月思想與時代月刊第十七期）

# 五　中國傳統教育精神與教育制度

## 一

西國教育，大率不出兩途，一曰「國家教育」，一曰「教會教育」。國家教育之病在抹殺個人，教會教育之病在蔑視現世。逃於此兩者，則必歸於個人權利與現世享樂之境。

中國統教育精神，以儒家爲代表。儒家陳義，頗無上述之兩弊。大學言「修身、齊家、治國、平天下」，而曰「自天子至於庶人，壹是皆以修身爲本」，而修身又本之正心、誠意、致知、格物，引而歸之於個人之心意，固無爲國家抹撥個人之弊。中庸言「能盡其性則能盡人之性，能盡人之性則能盡物之性，能盡物之性則可以贊天地之化育，而與天地參。」亦引而歸之於自盡己性，亦未嘗有爲天地將來而蔑視現世之病。而其所重於個人者，乃以與國家天下相聯繫，而特於個人發其端。其所重於現世者，亦以現世之變動與天地之化育相聯繫，而特以現世植其基。故儒家重個人現世，而亦不陷於個人權利現世享樂之狹窄觀念。此中國傳統教育精神之最其大本大源所在。

人類何以必受教育？自西國觀念言之，大端不越乎三者。曰爲「上帝意旨」故，曰爲「國家目的」故，曰爲「個人樂利與現世幸福」故。人類降生，自始即爲一種罪謫，上帝悲憫，重播福音，廣宣於斯世而有所謂教，俾罪謫之人生重得超度，此宗教家言。爲國家目的而施教育，其理論遠始希臘古哲柏拉圖、亞里斯多德。柏氏著理想國，即主公民教育由國家掌理，兒童出生即不屬於父母，攜離其家而至公共育兒所。並當以嚴密方法使其父母不復能辨識其子女，其教育課程，則全由國家制定。個人不當有私產，亦不當爲家庭之一員。故就理想國之理想，則必產業公有，婦女亦公有，兒童則公育。柏氏並主凡技術、詩歌、音樂、宗教、道德各項，皆當服從國家權威之嚴厲規定，其有不願，則流放不使同中國。亞里斯多德曾謂「人乃政治的動物」，斯言也，非重人而言之，乃重政治而言之。故亞氏又謂人生而有智力以爲其武器，並有種種性質可以達其最卑污之目的。苟無德性，則人類乃動物中最齷齪最野蠻者，並充滿淫惡之邪慾，而給人類以德性者則爲國家。亞氏又謂欲求國家憲法垂之永久，莫如將教育制度適應於國體。蓋二氏論學，皆承蘇格拉底力矯當時哲人學派之遺風。重於共相，略於個性，亞氏雖稍愈，而軌轍仍然。其視耶教精神，雖一爲宗教，一言政治，其不免於抹搬個人之天性則一。故自柏拉圖而有歐洲中世紀之神學觀念，自亞里斯多德而有歐洲中世紀之演繹法論理學。希臘思想與耶教觀念二流匯趨而爲當時貴族僧侶階級所利用。循是而有培根之歸納法，洛克之經驗論，百科學者之唯物論機械論無神論，盧梭之民約論，風起雲湧，蔚成近代歐洲思想之新主潮者，蓋莫非於「上帝」與「國家」兩觀念下爲人類個性求解放，而爲之闢一營謀現世福利之途徑。頹波駭浪，極其勢之所至，而有德儒尼采之超人論。其先則曰知識，其後則曰意志。知識也，意志也，皆所以擴張個人現世之權力。此即古希臘哲人學派所謂人類爲萬物之尺度。然世界之大，萬物之廣，個人知識意志之權力終有限。故歐洲近世個人主義之展開有二形態，其對外爲民族國家之摶成，其對內爲階級鬥爭之激化，凡此皆個人主義之結夥集團以求現世權力之無限擴張者。故其先則爲政府向教會爭學校，其次則爲個人向國家爭自由。然人生之終極，則不能如是而已。彼中有深識者憂之，則又時時反尋夫上帝之虔敬，理性之幽玄，而惜乎終未有以溝通此兩者之隔閡。故近世歐洲思想乃常擺盪覤卼於此兩途之間而靡得所寧定。

若以人類何爲而有教問中國人，則必不曰爲上帝，亦必不曰爲國家，更必不曰爲個人現世之權力與福利。中國傳統教育思想，乃爲人性之發育成全而有教。飲食男女亦人性，此決非中國教育理想之所擯。惟中國教育理想之所重則乃在發育成全人之「羣性」而有教。羣不僅爲平面之展擴，而尤貴於有時久之緜延。教人類之羣性者，此孔門之所謂「仁」。教人類羣性之達於緜延而不絕者，此孔門之所謂「孝」。其爲教之次第節目，則既曰「修身、齊家、治國、平天下」，又曰「盡己之性以盡人之性，盡物之性，而贊天地之化育」。尊德性道問學，一以貫之。致廣大則以宇宙爲全量，盡精微則以小己爲核仁，極高明則以仁義爲準則，道中庸則以孝弟爲發軔。所謂齊家治國平天下，乃至盡物性而贊化育者，皆人類性分中所有事。教育貴於「盡性」，層層擴充，亦層層包絡。故中國傳統教育理論，超乎上帝、國家與個人之外，而亦融乎上帝、國家與個人之內。而此種種理論，獨以孔門儒家思想爲得其全。

## 二

今就中國教育史之演進，據其主要之外形大略區分之，則有國家主辦之教育，此可以漢、明兩代爲代表。有門第私家之教育，此可以魏、晉、南北朝及唐爲代表。有社會自由之教育，此可以先秦及兩宋爲代表。有社會半自由之教育，此可以元、清兩代爲代表，而尤以清代爲顯著。春秋以前封建社會之貴族教育，非此篇所欲論。

自孔子唱教，儒墨競起，百家爭鳴，先秦諸子學派之繁興，可謂極一時之盛矣。然絕未有自爲教主而創一宗教者，亦絕少專爲狹義的國家權力張目者。其純粹代表貴族統治階級之思想者惟一韓非。更少專爲個人現世享樂立說者，求其近似，惟一揚朱，而其立論之詳，已不爲今人所知。其間儒、墨、道三家，最於當時稱顯學。墨家陳義雖高，大體皆已爲儒學所包孕。其所樹異於儒家者，則皆抹摋人類個性之論，因此墨學不傳於後世。道家主解消大羣以爲放任，蓋有見於人性之一偏，無見於人性之全體，其病與墨家相反而相合，故獨惟孔子之教遂與中國民族傳統文化相融洽相凝結而爲二千年來中國人文教育之宗師。就此時期之教育精神言，其超出乎政治勢力之上而求有以領導支配夫政治者則一，故此時期之教育，實可謂中國史上第一期之社會自由教育。

人類不能長無教，無分於富貴貧賤，智愚老幼，其內心莫不有一受教之渴忱。秦之在當時，其社會文化獨爲落後。荀子游秦，鄙其無儒，然始皇帝併六國，已見稱爲以孝治天下。漢高無賴，見儒冠則溺之，聞說詩書則罵，然過孔子墓則拜祭焉，爲其嗣王擇師而命叔孫通，通亦儒者。漢帝莫不以「孝」爲謚號，則秦、漢開國，固已知尊孔子之教，而其事實大定於賈誼之告文帝以太子之不可以無教。誼既詳陳三代所以爲教之具，而曰「秦使趙高傅胡亥而教之獄，所習者非斬劓人；則夷人之三族也。故胡亥今日即位，而明日射人。」夫帝王亦人也，帝王終不能以其富貴而可以無教，而教必早施於幼年。然幼年將何以爲教，將舉老聃、莊周以爲教乎？彼固曰「絕學無憂」，不主有教。將舉墨翟、禽滑釐以爲教乎？彼則曰「視人之父若其父」，非禮非樂，非所以教青年。將舉韓非、申不害以爲教乎？則如趙高之教胡亥。將舉僧侶卜祝上帝鬼神以爲教乎？則中國自春秋以來。賢卿大夫如子產叔向之倫，皆已知其虛誕而不實。故不問其人爲何如人，彼必將教其幼稚，而求其所以教幼稚者則必尊孔子而遵儒術。秦雖尚法，而始皇帝之擇以教扶蘇者則儒士。漢雖賤儒，而高祖之擇以教惠帝者亦儒士。文帝雖好道家言，而得賈生，則使傅其愛子梁孝王。景帝友師晁錯，受法家言，而即殺晁錯以謝吳楚。及爲其子擇師，武帝師王臧，又儒士。漢武以十七歲青年登帝位，不待於得董仲舒、公孫弘，固已心嚮儒術矣。儒術之所以獨盛於後世，由其獨操舉世教育之權。教育之必本於儒術，由其明於人性，適於人羣，本諸人性之仁孝，效於人羣之久大。故中國人之願受教育者莫能自外。昧者不察，乃謂儒術獨便於專制，故秦、漢以來借以愚民，則真其愚之不可及矣。

自漢武建太學，立五經博士，又設郡國學，而後中國乃始有國家官辦之教育。然儒家創教，雖不鄙從政，亦不專爲從政。儒家之教，在以超政治者導政治。博士弟子通經得官之制既立，雖前漢之昭、宣、元、成，後漢之光武、明、章，一時政事之受裨益於儒術者實大，然儒術漸變而爲利祿之途，往昔自由教育之精神漸失。習儒術者僅求入政治，不能超政治。教育漸不爲政治之領導，而爲其隨屬，於是傳統教育之精神全變，而政治亦緣之而腐化。當東漢之季葉，中央政府終於解體，而其時學者則經數百年政治之卵翼，根深柢固，遂成門閥。彼輩以流品自高，不屑與世俗爲伍。國家官辦之教育機關雖存在，而精神終不振起，蓋其時教育已轉入於新貴族門閥私家之手。不僅文藝、美術、禮儀、哲學，皆在門閥家庭私自授受，即國家政府傳統典章制度，亦爲門閥子弟所獨擅，如所謂「王氏青箱」者是也。然人類之渴忱求教則古今如一。聰明俊秀之外於門閥者，乃相率而入佛寺。故宗教勢力之瀰漫於當時，亦此種教育情況有以助成之。

隋、唐踵起，始設科舉，立學校，使社會俊秀皆得平流而競進，而門閥勢力猶在，國家教育之尊嚴仍不立，自由教育之風氣仍不厚。則人之從事於學者，亦苟曰給我私求，潤之家澤，而仍不足以饜夫人類崇高向學之心理，則彼之掬其真性之渴忱而求教者，仍必歸嚮於佛寺。故魏、晉、南北朝、隋、唐時代佛教思想之盛行，正與儒家教育精神爲代興。人心不能無所皈依，孔子人文自由教育之精義不昌，則一世之聰明信望，乃逃入於瞿曇氏，上者言寂滅，下者言輪迴，豈不猶遠勝夫百年之私求，一家之小澤?故雖大唐盛世，遠異乎魏、晉、南北朝之亂離擾攘，而終亦無以收拾人心。上自帝王卿相之尊，下至販夫走卒之賤，莫不虔誠膜拜於塔院之間者，此自有人類渴忱求教之內心，策勵而鼓進之，固非如韓昌黎之闢佛，僅所謂禍福驚動之所能爲力。

及宋儒興，而後中國傳統人文自由教育之精神乃復昌。當唐末五代晦盲否塞之餘，曙光新展，則有二大亮星輝耀於天地之間，以開一世之心目者，曰范仲淹希文，曰胡瑗翼之。范仲淹爲秀才時，即以天下爲己任，嘗自誦其志曰，「先天下之憂而憂，後天下之樂而樂」。其服官所至，首汲汲於禮聘名師，興學校。其在蘇州時，得胡瑗掌教事，學者所稱安定先生者是也。胡氏居蘇州湖州教授，夙夜勤瘁，積二十年。當時蘇、湖教法，分經義、治事二齋，經義則擇心性疏通，有器局可任大事者，使之講明六經。治事則一人各治一事，又兼攝一事，如治民、講武、堰水、曆算等，使以類羣居講習，時時召之使論其所學爲定其理。或自出一義，使人人以對爲可否之，或即當時政事俾之折衷。蓋經義所以闡人生之大道，治事所以備切實之服務。明體達用，有本有末。一時人才蔚起，國家考試所得士，出胡氏門下者十常四五，朝廷名臣往往皆其徒。遇者雖不識，亦可揣知其爲胡氏弟子。由是政府詔下蘇、湖，取其法以爲國立太學之章程。未幾又聘胡氏爲直講。胡氏在太學時，嘗出題試諸生，曰「孔顏所好何學論」。得一卷，大賞之，請相見，處以學職。其人猶爲青年，曰程頤，即後世所尊小程夫子伊川先生。故後世推中國近古大政治家必曰范文正，推中國近古大教育家必曰胡安定，自有安定先生之教而後師道尊，人才起，而學術昌，後世目之曰「宋學」。至張載子厚著西銘，曰「民吾同胞物吾與」。又嘗言「爲天地立心，爲生民立命，爲往聖繼絕學，爲萬世開太平」。蓋至是而先秦儒者修身、齊家、治國、平天下之理想，盡己性、盡人性物性、贊化育、參天地之觀念，重復昭揭於學者之心胸，而社會自由講學之風，亦熸而復熺，此則宋儒之功。

## 三

今試縱觀魏、晉、南北朝、隋、唐迄於兩宋一千年內人才世運之消長盈絀，則莫不與當時之教育思想與教育制度息息相關。當魏、晉、南北朝中央解紐，區宇分崩，社會無學術，國家無教育，而門第私家猶有其世相傳襲之禮制風尚，守而勿失。舉如文學、藝術、政事、哲理，凡人羣文化之所依寄，亦賴門閥之保存而延續。所以當時流品之下，猶有才器，粗得支持世局，使不至於大壞，而終以下開隋唐之隆盛，而其奇才偉器，不能爲門閥私家所牢籠，所掩抑，而橫邪軼出者，則一歸於宗教。故自魏、晉以迄唐代之初盛，其第一流人物之出現，常爲方外之高僧。而其堪當教育家大師之號者，則幾於絶無僅有。

韓愈以師道自任，舉世駭詫，柳宗元擬之於蜀犬之吠日。然則循此推演，世事與教義終必脱節，則世事亦非達於糜爛大壞而不止。而猶幸其不然者，則僅賴門第世族，仍得稍稍汲傳統教育之餘波以資霑溉而已。而果也，中唐以後，門第世族衣冠之蔭日失其緒，而進士輕薄，場屋祿利之私心淺業，終無以撐架世局之宏闊。世事之壞，生民之禍，人才之卑污齷齪，達於唐末五代之亂而極。而凡有宋以來一千年，人才之培養，世事之營建，則胥由宋代諸儒人文自由教育之新精神有以振拔而奮起之。此正中國文化一番絶續生死之交。

然而宋儒立教，磨難實多。其先也，以人文教育與宗教教育爭；其繼也，則以自由教育與國家教育爭，而所爭皆至苦。當慶曆皇祐之後，文風既闢，路府州縣，莫不崇教，競因書院而建學。朝廷又採蘇、湖教法爲太學章程，此則國家教育本追隨於自由教育之後而獎助推進之。及王安石爲相，頒行三經新義，乃儼然欲以政府定學術於一是，同時如司馬光、程顥諸君子皆持異議，然此猶不過如漢武以下朝野經師之爭博士與家法。荆公又創太學「三舍遞升」之制，而輕薄書生，矯飾言行以奔走公卿之門者若市。及黨爭所激，盪而彌遠，則有二蔡二惇立元祐之學禁。復廢科舉，專以學校取士。時謂蔡京，羣天下之學者而納之黌舍，校其文藝，差給飲食。旌別人才，止付於魚肉銖兩間。而學者不以爲羞，且逐逐然貪之。夫以漢代誠意推行國家教育，已不免於流弊，更遑論乎宋代崇甯以下之羣小？然亦終不能弭抑太學生之義憤，陳東七上書論列政事，與布衣歐陽澈同斬於市，而宋祚亦絕。南渡始馳學禁，而秦檜主和議又禁之。及紹興之末再弛，而慶元之錮籍旋起。凡伊川、考亭之學，爲後世所師崇者，皆當時所目爲僞學而嚴摧深抑惟恐其不絕者。然大學生之驕橫，則朝廷亦無如何。獨至賈似道，重其恩數，豐其饋給，諸生啖其利而畏其威，雖目擊似道之罪，而噤不敢發一語。及似道要君去國，又極意挽留。今日曰師相，明日曰元老，今日曰周公，明日曰魏公，無一人敢少指其非者，而南宋之祚終亦以絕。此有宋一代國家教育與自由教育相爭衡得失之龜鑑。

元代不足深論，明祖光復，而惜其不知文化傳統之大義。既廢宰相，創爲君主獨裁，又有意厲行國家教育，其學校規模，與夫翰林院庶吉士之創制，皆有深意，亦收一時作育人才之效。然以自由教育領導政治，則政治有生機，可以活潑而向榮。以國家政治統制教育，則教育無命脈，終必萎縮乾枯漸至於死塞。猶幸兩宋自由教育之流風遺緒，不絕尚在，仍足以補國家教育之不濟。而大儒王守仁以國家大臣，而躬膺自由教育之任，唱「良知」之説，朝野相應，不啻若爲一時之新教主。其時王湛兩家書院學生遍天下，而陽明弟子王龍谿、王心齋益播揚師説，深入社會下層，不翅將成爲宗教。而張居正當國，欲以閣臣而擅君主獨裁之權，盡禁天下書院，重蹈兩宋以政府摧抑自由教育之覆轍。及其後世，又有東林之黨禁，而明社亦以屋。東林者，宋、明七百年自由教育最後之殿軍，彼亦將以超政治者導政治，雖其末流所趨，垢污亦不免，然其淵源血脈，則固是先秦、北宋儒學精神之嫡種。明廷既屢禁社會自由教育，而國家教育亦腐敗不可名狀。府縣生員，有養無教，俊士之效賒，游手之患切。及夫崇禎之末，開門迎賊，縛官投僞，皆出生員。明之既亡，遺民顧炎武深痛之，曰，「此魏博之牙軍，成都之突將也」，此猶如民國以來之擬學生爲「丘九」。此又明代國家教育與自由教育相爭衡得失之龜鑑。

滿清入關，盜憎主人，彼固不樂社會有自由之教育，亦無意乎以政府主持教育之重任。徒嚴興文字之獄，剉屍滅族成常事，焚書充軍則絶大恩典矣。既以慘刑酷罰大慴士氣，乃响之以官爵利祿，爲牢籠，爲麻醉。學者乃並肩疊息，一寄其精神聰明於古經典之考釋。蓋兩宋以來社會講學之風雖難驟塞，而一時學者亦終不能不仰執刀鋸置鼎鑊者之鼻息。故曰此社會半自由之教育也，寢假而抵乎其極，則翰林院庶吉士專習白摺小楷，省府州縣書院生徒，則僅以膏火餬口。教育衰而人才絶，政事敗而社會亂，滿清部族政權之淫威，亦隨之顛覆。然而滿清末葉新人才之崛起，以鼓吹民族傳統文化，發揚民族傳統精神，起麻痹已久之人心而導之於變法維新革命光復之大業者，舉其一時之魁傑，爲當世學人所矚目視而傾耳聽，則大率以浙粤兩區爲主腦。言夫近五十年來之大師，必推南海康氏，餘杭章氏。究其學術淵源，則一自杭州之詁經精舍，一自廣州之廣雅書院。斯二者，遠始道光時清疆臣阮元所創立。雖曰社會半自由之教育，而終收其果效於七八十年之後。此又學校與人才如響斯應之明徵大驗。

# 四

然自晚清同光以來，國人怵於外患，慕效西法，重舉國家主辦之教育，亦既八十年於兹。言夫開通民智，則洵有之，而曰作興人才，則終不能如所預期，而有以大愜乎國人之心者，又何歟？請再得而略言之。

蓋清末創辦新學，其先不過曰養成翻譯（即外交）與軍事之人才而止，欲通翻譯乃研究外國語言文字，欲精軍事乃牽連及於機械製造。故同治元年設京師同文館，二年設上海廣方言館，五年設福建船政學校，光緒八年設天津水師學堂，十一年設天津武備學堂，十三年設廣東水陸師學堂，二十一年設湖北武備學堂，此皆專爲栽培翻譯與水陸軍人才而設。光緒二十一二年間，湖北復有自强學堂，初分方言、格致、算學、商務四門，後則專課方言。陝西諸省復有「格致實學書院」，則均就舊有書院變通整頓而成。其所謂「格致」，蓋不過傳授常識，極於稍通機械製造，既絕無當於科學思想之灌輸，亦更無所謂人才教育之意義。然則此二十五年之新教育，最多不過著眼於一藝一材之間。而其主張措設之者，皆出地方疆吏，中央惟一京師同文館，更無繼者。可見當時政府，固猶以爲小楷八股，足以箝束一國之人心，絕無意於作育人才。地方疆吏處積威之餘，亦未嘗敢游心放意於所以講明學術，而陶鑄人才者，僅僅於小楷八股之外，增闢一二傳授外國語及練習海陸軍之場所而已。此則僅是地方疆吏行政事務中一項目，固絕無當於國家社會教育之宏旨。

及光緒二十三年，上海有南洋公學，課業注重法政經濟，又擇尤資送出洋留學，而公學之規模，遂爲清末新學校之典型。然法政經濟與聲光熱力化電之學不同。聲光化電無國界，政法經濟則不得不以本國文化傳統及社會實況爲之本。故聲光化電可以成專家，而政法經濟則不得不有待於通才。學聲光化電者，其先於國內粗習門徑，而深造則可以求之於國外。學法政經濟者，其先可於彼邦賢達議論稍事涉獵，而成學名家，則非於本國文化傳統社會實情寢饋沉酣之深且久者不爲功。公學創於盛宣懷，盛氏何知教育，特慕效李鴻章、左宗棠、沈葆楨、張之洞諸人之所爲，而因緣時會，以其服官津、滬，遂居然以創辦學校爲當時新學作前驅。故中國近代新學之興起，有極可注意者數事。

一、其事非由國家中央所發動，爲全部有計劃之推進。

二、其事亦非由社會學術界所提倡，爲根本意義之探求，而特由於三數地方疆吏之撥資創辦。

其先僅限於翻譯與軍事，猶之可也。其次乃進而及於法政與經濟，其性質與意趣已大異，乃依然上之無國家全盤之計劃，下之無社會學術界之合作，特以一二時髦官僚之高興，博開通民智提倡風氣之名則有餘，欲求轉移學術陶鑄人才，宜所不勝。然則中國近代教育之僅足以收開通民智之效，不足以成作育人才之業者，種瓜得瓜，種豆得豆，固已自其幾先，而有識者可以洞矚其當然矣。

夫學術之興，以漸不以驟。滿清操握部族政權，凌跨禁制，二百年矣，其不樂國家有教育無足怪。而中國士大夫處重壓深鋤之餘，雖不斷有萌孽之生，而迷途既遠，遂亦無人焉知措意於學術人才所以爲教育本源之地者。獨湘鄉曾國藩崛起畎畝，慨然有志於是，而軍旅餘生，憂讒畏譏之不暇，則亦未能爲近世中國教育有建白。李鴻章、左宗棠識趣下曾氏遠甚，知造船艦，通翻譯，固已一時見推稱能吏之新政矣。則無怪乎盛宣懷氏之公學，終將爲中國近代新教育之楷模。在上者以功利唱，斯在下者以功利應。而此所謂在上者，猶非出於中央之意旨，舉國一致猷謨之所同，而特出於一二地方官僚不相爲謀之所爲，則無怪乎在下之應者，亦終不知有國家民族之全體，而亦僅僅各自爲一二人之私生活謀溫飽。以若是之教育，而得收開通民智之效，固已奢於望矣，而何論於人才之作育。

及光緒二十四年，始有國立京師大學之舉辦，然不踰年政變作，新政盡廢。至二十七年又有復興學校之議，首唱之者爲山東巡撫袁世凱。二十八年，張百熙爲管學大臣，奏設速成科，分仕學、師範二館。所謂「師範」者，推其意仍不過曰開通民智。其曰「仕學」，則明將以學校代科舉，乃若有似乎漢、唐、宋、明國家主辦教育之意。然漢武興學，而一時耆儒宿德，如申培公、轅固生、董仲舒之流，固已項背相望先期而起。宋仁興學，而一時名師偉人，如范文正、胡安定之徒，亦已聲息相通聞響而赴。先唐而在者有河汾，先明而在者有金華，此皆政府興學之所藉手。若政府空抱興學之意，而社會無真學者之相應，事終無濟。而況清之季世，縱使其時能朝野一心，真切求賢興學，仍將有學絕道喪野無遺賢之歎。而清廷之興學，則特迫於一二封疆大吏之陳請，而徒苦其無奈何。此一二封疆大吏者，如袁世凱之儔，請興學校辦教育亦不過藉以邀眾譽而沽高名，固亦不知有所謂尊師敬學之心。徒法不足以自行，有學無師，將以何教？故自中國傳統文化言，國家主辦教育，常有陷溺學者於祿利之淵之憂。雖可爲政府造就一時之人才，終將爲學術斲喪百年之大命。而況清之季世，則並一時之人才而不可冀，則徒以仕學之館，招來一羣附羶之蟻而已。故光緒二十九年三十一年張之洞、袁世凱迭奏廢科舉，大意謂科舉不廢則學校不興。是知當時奔祿利者尚惟彼之湊，不此之趨，故欲朝廷塞其爲彼而開其爲此。興學特以政府法令爲釣餌，非由社會學風之轉嚮，在上有此制度，在下無此精神。而況清廷之疆吏，亦不過以不獲已爲敷衍。然則清代自同治以下，迄於覆滅，五十年間之興學事業，其不能有所成效，固不待卜筮而決矣。

## 五

故謂近代中國之誠意興學，必自民國以來乃有之。而此三十年間教育精神與教育制度之變更，亦有可得而評論者。

民元十月有大學令，謂大學以教授高深學術，養成碩學閎材，應國家需要爲宗旨。又規定大學分文、理、法、商、醫、農、工七科，設立時以文理二科爲主。而民十八年國府公布教育宗旨，謂大學及專門教育必須注重實用科學，充實科學內容，養成專門知識技能，並切實陶融爲國家社會服務之健全品格。同年公布大學規程第二條，大學教育注重實用科學之原則，必須包含理學院或農工醫理各學院之一。循此兩次法令之變更，而知政府辦學旨趣，固已先後大殊。夫曰教授高深學術，養成碩學宏材，事非倉促可冀。縱有碩德大師，當國家社會寧定安謐之秋，亦非十數年間可以必其有成效。而況民元以來之學術界，青黄不接，自道咸而同光，經學考據之業，固已陵夷日頹，迤邐及地。回視乾、嘉諸老，恍如峨眉天半。論新學，則以政法經濟乃至文哲諸科與聲光電化一例等視，昧蔑其國性，誇耀夫新知。以出洋留學為國家教育之最高階層。其去也稱學童，其歸也稱博士，雖曰皆上智之選，而謂其當髦秀之年，竭三數載之聰明，可以盡覘國問學之能事。又謂其淺嘗薄試之所得，可以返而盡變一國之故常。語已既扞格而難入，語彼又疏闊而未親。以若是之人才，而當教授高深學術養成碩學閎材之重任，苟能多方磨礱祓濯，寬假而優游之，尚不知其所屆。而況乎蜩螗翻覆，政事之多故，則又無怪乎其不能收預期之效。

而繼之以民十八之轉變，既曰注重實用科學，又曰養成專門知識技能，並陶冶為國家社會服務之品格。是其用意乃不翅於同、治以來之專治方言格致，而不過稍稍擴大之於各實用科學，其為著眼於一藝一技之間，而無意於學術人才所以為教育本源之地者則一。

故自晚清同治以來八十年國家興學之歷史，有可以數言盡者。一則當滿清部族政權二百年重壓深鋤之餘，學術自身乏生氣，無大師崛起，而教育失其嚮導。一則政府之於教育，先則陽崇而陰摧之，既又束縛而馳驟之，言其積極，則以利祿為引誘；言其消極，則於自由無尊尚。夫就今日而言教育，固有非社會私人所能勝其任者，然政府法令之為功，猶之如土壤、如雨露、如陽光，苟為無種，雖盡培擁煦潤之能事，亦終不殖。教育以師道為生命，師道之興本於學術，學術之昌原於自由。政府之與法令，獎掖之，護養之，而羣雌無雄，其法不育，師道之興，仍有待於社會學術自由空氣之醞釀，其事固非政府法令之所得而預。

抑尤有進者，以今日歐西國羣大體言之，教訓本乎上帝，意志在乎民衆。政府者，公意聽之國會，大訓本之教堂，此二者政府官吏之規轍繩墨。中國不然，人生大訓在學校不在教堂，若學校之權操之政府，是輿情雖在下，義理常在上。顧在上者之義理又何自生？以政發教，不僅爲教不肅，抑且爲政無源。故就中國傳統文化言，國辦教育鮮有美效。而況國會之代達民意，在中國尚無成熟圓滿之機運。然則在歐西，以教堂、國會、政府爲鼎足之分峙，在中國將以政府爲獨柱之孤撐，幾乎其不折且崩。故在春秋，鄭子產不毀鄉校。迄乎秦、漢，博士雖屬太常，獨得預聞朝廷之公議。國家有大政典，大興作，大獄訟，每必諮焉。而晚明黃黎洲著待訪錄，欲以學校寄天下是非之公。此皆有見於吾民族摶羣建國之大體者。故曰「廣牖民智，普及學校」，此政府所有事。曰獎勵科學，宏興實業，此亦政府所有事。然而以言夫正學術，作人才，所以爲教育本源之地者，其事乃非政府所宜操握而左右之。西邦言治者每主政教分離，使宗教自由發展於政治之外。若推此以言中國，則政學亦當分，使學校得超然獨立於政治之外，常得自由之發展。民氣藉之舒宣，政論於以取裁，此亦發揮中國傳統文化精神一要目。

六

更端言之，則中國社會重禮不重法，法律操之政府，禮義明於學校。禮義之所闡明，即法律之所依據。在歐西宗教與政治分馳，故宗教主感化，而政治重裁制。彼中既言政教分離，又言司法獨立。在中國則教之與法皆源於學。若學校不獨立，則政府爲無上。故社會私立學校當如西國之教堂，國家公立學校當如西國之法院。今者學絕道喪，儒師不興，人不悅學，當此時而唱社會自由教育之獨立，其事殆莫有應。

不得已而思其次，以西國之司法獨立變通而施之於教育。使長教育者常得超然於政潮之外，物色耆儒長者，尊以禮而優其位，不責以吏事而期其德化。國家得有文理科大學五六所，一如民元之所揭櫫，一以教授高深學術，養成碩學宏材爲職志。學術明則人才作，若網在綱，若裘挈領，若高屋而建瓴水，由大學而中學而小學，窮源竟委，常使自外於政海之波濤而爲國立寧極。庶乎正本清源，學術定而國家社會相與以趨於定。然此非一顰一笑必效西鄰而後可以爲美者之所知。

今國人常言教育經費之宜獨立，而不知尤貴者在「教育職權」之獨立，更貴者在「教育精神」之獨立。教育有獨立之精神，獨立之職權，而後可以有高遠之理想，而後可以從事於學術人才所以爲教育本源之地者以備國家社會真實之用。故國家高等教育，斷當以「文化」與「人才」爲中心。所謂「人文教育」是也。其次乃有國民教育，則初級之普及教育及社會成人之補習教育附之。其次乃有實業教育，則凡各實用科學，專門知識技能，如民十八之所揭櫫者屬之。如此亦庶乎一洗同治初年廣方言館以來水陸師學堂相傳遞續之沉痼宿疾，使人知於技術實用之外尚有所謂「學」，富强權利之外尚有所謂「教」。不然則將見人才日以窄狹，人志日以卑污，並此技術實用富强權利而不可得。

或曰，子所陳義則高矣，抑今國人方羣呼科學救國，子獨於科學教育若有歉意者，何也？曰：惡！不然，此非余意之所存。方十八世紀以及十九世紀之前半，英、法國勢烜赫，如中天之日，而日耳曼諸邦尚分崩離析，不相統屬，其時英、法科學實業皆已極盛，而日耳曼之學者，獨以文、哲、歷史、藝術見長，其高論昌言於各大學講壇之上者皆此類。英法人笑之，曰英國乃海上王國，法國爲大陸王國，而日耳曼則雲霧中之王國，何者，彼中所談文、哲、歷史、藝術諸科，皆無當實用，無關富强，如有物焉晃盪於雲霧之中然。然日耳曼人終於此雲霧中得救。他日者，屢勝鄰敵，政治一統，遂造成十九世紀晚期之德意志王國，而其國內科學遂亦突飛猛進，越英法而出其前。凡本篇所稱引，姑皆勿深論，我特請國人姑效法當日之德意志，亦何爲而不可。

（民國三十一年二月思想與時代月刊第七期）

# 六 中國人之法律觀念

## 一

德儒黑格爾謂法律乃文化之一現象，柯賴 Josef Kohler 亦謂法律乃民族文化之產物。馮德 Wundt 則謂法律之進程，不外爲民族心理之進程。中西文化既各有其特點，則此兩民族對法律之觀念不能盡同，抑且有極相懸異者，是亦無足深怪，籀而論之，厥有數因。

一者由於雙方對於「道德觀念」之不同，儒者論性善，道德皆由內發，本於人類之內心要求，此爲中國民族傳統思想中最重要之一義，而希臘古哲之論，則全不及此。亞里斯多德嘗謂：

> 幼時之養育教導皆得其正猶未足，必須養成其習慣，使其既爲成人，亦能行軌於正。又需種種法律規矩，宣示人生義務，命人以所當行。蓋常人行事悉由逼迫，非緣理性，由畏刑罰，非樂道德也。

統觀亞氏論道德，始終未及「性善」一義。彼既不認人性自能向上，則一切諸善皆由外律，故於習慣外，所重則曰「力行」。亞氏極言道德生於行爲，行爲即猶習慣，特措辭之微異耳。亞氏曰：

人之成德在於力行，譬如藝術，欲成建築師在學建築，欲爲音樂家在習音樂。惟行爲公道，乃成公道之人。自奉有節，方爲節制之士。遇事勇敢，始稱勇敢之徒。

亞氏未嘗推論建築音樂，其源皆本人性。人之行爲一切由其性向。自此分歧，則人類一切諸德，乃不得不有賴於法律與立法之士之爲之規定，故亞氏又曰：

人生實行之德，無有得自天然者。天然物性非習慣所能改，石之下墜，火之上升是也。德行之集於人，非由天性。天性與人以能受德之能力，而因習慣之故，始抵於完善。

又曰：

人非因多視聽始有見聞之覺，乃先有見聞之覺，乃用之於視聽也。其於德行反此。人之德行自躬行實踐而致。人須先試爲正直乃能正直，先爲自制乃能自制，先爲勇敢乃能勇敢，一國之立法者，欲因習慣薰染之故，使人盡爲善士，理亦猶此。

蓋亞氏既認人類道德僅在實行與習慣，自不得不重視立法以爲實行與習慣之規範與依據。於是遂不得不以倫理學爲政治學之一支。又遂謂果能研究政治學之全部，則人生哲學可以完成。此亞氏對於人生之看法則然。故亞氏謂司法乃社會的道德，其他一切必附屬其下。又深讚斯巴達諸邦之立法，謂能對於國民生活加以管理，惟斯巴達數邦之法家曾一行之。又謂：

法律所規定之行爲，大都本於道德之大全 Complete Virtue。蓋法律令人實行一切美德，而禁止一切罪惡。法律令人勇，令人節制，令人和婉，舉凡一切善惡，法律莫不及。

亞氏此說，乃頗與中國傳統法律觀念相異。蓋中國觀念，法律惟以防過閑非，如亞氏所謂禁止罪惡者則有之，而並不能令人入於美德。人類一切美德，皆由其內心充沛自發，非遵行法律所足當。故就法律與道德之關係論，中國人僅以法律補道德之不逮，西方則直以法律規定道德而又領導之，此其極大相異之點。

惟其中國人主性善，故論道德多偏重人類之「真情」，而建以爲諸德之本，如儒家之特提「仁孝」是也。西方人不認人類自性向善之一義，故其論道德亦每捨人之情感而就理性言之，理性者略當於孔門之所謂「智」，墨家之所謂「義」，而與仁孝不涉。故中國人言道德每就泯小己之私，而指其人與人相融之一境以爲說。西國言道德，則就人與人之各止於其分限而不越者當之，此亞氏言道德所以特重「公平」一義。夫曰仁孝，其事非法律所能預；曰公平，則立法者自得而優爲之。亞氏之言曰：

公平爲至德，公平爲百德之總，公平爲德行之全體。

凡事合法即爲公平。

破壞法律者爲不公，守法者爲公平。

> 公平人者，即守法之人或爲公正之人。正者，即合法與公平之謂。
>
> 不合法律，又不公正，是不正也。
>
> 法官之責在力使之平。
>
> 人當爭論之際，每求直於裁判官，即所以求得公平也。裁判官則公平人之化身耳。
>
> 公平僅能決於法律，法官蓋公平之保護者也。
>
> 公平與不公所恃乃爲法律，而存在於應有法律之地，蓋即存在於人民在統治之下而能平等者是也。

本亞氏之意，公平既爲百德之總，而法律則爲公平之化身與保護者，是不啻謂法律即道德之化身與保護者。法律何自生？則生於國家之立法。故就亞氏之意，國家超乎個人之上，故爲一「公民」乃與爲一「善人」不同。亞氏之言曰：

> 行爲之大部爲法律所規定者，多出自全德，法律之責固在教人依履德行而禁爲過失也。全德之所以生，其原乃在法令之設，俱以教人盡公民之責任爲重，而個人教育，則非使之爲良好之公民，而僅使之爲一善人。

循此推演，乃有「公德」「私德」之分。能盡公德者爲公民，能盡私德者僅爲善人。國家高出於一切，故公民亦高出於善人。就亞氏之思想而爲演繹，人類道德之意義，其地位實在國家意義之下。此非徒亞氏一人爲然。古希臘思想自蘇格拉底、柏拉圖以至亞氏，一脈相承，自有其大體之條貫。而古希臘諸邦以國家爲至上，總攬一切，使個人失其自由，雖柏氏、亞氏所謂理想之國家與法律者，亦爲此種國家至上法律至上之沿習觀念所牢籠所束縛，而未能擺脫。❶羅馬若稍愈，亦復循此傳統。迄於近代，如德意志學者所唱國家觀念依然此物此志。至於中國傳統思想，則無寧謂人類道德意義尚遠在國家意義之上。故孔子曰：

道之以德，齊之以禮，有恥且格。道之以政，齊之以刑，民免而無恥。

此中西民族法律觀念大不相同之第一點。

## 二

古代西方對於道德與法律之觀念，既皆以公平爲之主，而公平之涵義，則顯然爲各個人之權利。故西方法律觀念之展演，及於羅馬時代，而法律所以爲確定權利擁護權利之意義乃日趨昭著。❷羅馬法爲彼中近代法律之導源，而一部羅馬法之進展，即一種權利爭衡之進展，亦即所謂公平觀念之進展。

羅馬共和時代有市民法（Civil law）與萬民法（Law of Nations）之別。此即羅馬同國人民權利不平等之表徵。羅馬所謂市民與外國人（非市民），一視其取得法律上之市民權與否以爲判。有市民權者爲市民，無者爲外國人。市民法之權利，惟羅馬市民能享之，至建國後五百年頃，乃始爲外國人設特別法院，此則約當中國戰國之末期，即耶穌紀元前八十九年。社會戰爭起，始認意大利全體人民爲市民。此則當漢武帝之晚節，直至中國建安時代，於是羅馬馬帝國之人民，始得均享羅馬市民之法益。然是時羅馬内部已戰爭擾亂不息，羅馬已始衰，不二百年而終分爲東西兩邦，不可復合。

故羅馬人之國家觀念與法律觀念，直依然承襲古希臘狹義的市邦與狹義的公民觀念，而逐漸解放以達者。及其晚世，帝國臣民皆受羅馬市民同等之待遇，此毋寧謂是羅馬之變態，而非羅馬之本真。故羅馬法中之權利觀念，即古希臘人之公平觀念。其法律中所謂人格者，亦指權利言，不指道德言。就此點論，又與中國人傳統法律觀念大異。

中國人所謂法律，多偏指刑罰言之。中國「刑法」二字之語原，雖亦均有平等之涵義，然中國人對於刑法之觀念，則毋寧謂其偏於罪惡之懲罰，而不在權利之保障。❸故西方之法律觀念常爲「權力」的，❹而中國之法律觀念則爲「道德」的。惟其常爲權力的，故民權日張，則法律亦日變。

雅典梭倫之創法，彼自期所創得垂百年則已滿望。蓋梭倫當時用意，在廢除宗教傳統下之舊等級，而另以財富定新等級。梭倫法下之人民凡分四級，而各級權利皆不同。第一級即富人。惟第一級始得任高等官吏。第二第三級方許入參議院及立法機關，是則社會勢位權力有變動，即國家立法亦不得不隨之爲變動，故羅馬十二銅版法之名言，謂人民最新議決者即爲法律。通觀西洋史上每一次立法，即社會各種權力之又一次重新認識，與社會各種權利之又一次重新規定。此不僅雅典之梭倫法典與羅馬十二銅版法爲然，一切立法運動蓋無不然。而中國人之法律觀念則大異乎是。

姑以羅馬十二銅版法與李悝法經爲例。十二銅版法之內容曰傳喚、曰審判、曰求償、曰父權、曰繼承及監護、曰所有權及占有、曰房屋及土地、曰私犯法、曰公法、曰宗教法、曰前五表後五表之追補。其開宗明義即爲訴訟。次之則爲人權物權等之規定。訴訟在西洋法上蓋占甚高之地位，彼中法家謂後世以訴訟法爲權利之附屬物，羅馬則以權利爲訴訟法之附屬物。要之訴訟由爭權利地位而有，亦惟有權利地位乃得有訴訟。西洋法律觀念既以權利爲基礎，自當以訴訟爲最要。至李悝法經凡六篇，一曰盜法、二曰賊法、三曰囚法、四曰捕法、五曰雜法、六曰具法。其內容雖不可深考，然即觀其律名，可知中西法律觀念自其原始固已大異而不同矣。

十二銅版法頒佈於彼中耶教紀元前四百五十一年，較之李悝法經當稍早五十年左右，然李悝法經固爲集諸國刑典而來，其源甚古。是中西兩大文化法律系統之初步完成，先後略同時，此亦世界文化史中一有趣之對照。然論其內容與其精神則顯然分判。李悝法經之重要者乃曰盜賊囚捕，此後商鞅受之而創秦律。史稱鞅之治秦，山無盜賊，此真法經之效矣。老子亦言「法令滋章，盜賊多有」，此皆古人以法令主治盜賊之明證。及漢高入關，約法三章，曰「殺人者死，傷人及盜抵罪」。當時悅其寬大。今即此三章之律，亦可以窺見古人對於法律觀念之偏於禦姦禁暴，固與羅馬十二銅版法大異。及蕭何作漢九章律，亦捃摭秦法，較之李悝法經特加户、興、廄三篇，漢律遂爲後世所祖。明李善長言，歷代之律，皆以漢九章爲宗，至唐始集其成。此中國法律性質之較然與西方異趣者其二。

## 三

此等中西法律觀念之異趣，溯其源則由對於國家觀念之不同。西方國家觀念襌衍自希臘之城邦。彼以國家爲無上，個人悉受國家支配，法律者，即國家支配個人之意志與權力之具體表現。故其法律之地位特高。❺然所謂國家意志與國家權力者，分析而求其底裏，則不過爲一階級一團體所操縱而憑藉之一機構與名號而已。故於此等傳統國家觀念之下，則有人權之奮張。所謂人權，則曰生命保障權、結婚及生育子女權、發達智識權、接受教育權、信仰真理權、社會生活權，凡此等等，皆受國家意志權力支配下之羣衆所揭櫫以與國家相抗爭，而求其勝利者。故民衆之要求立法權，常爲彼中政治史上一絕大項目。其在十八世紀，羣認法律爲個人用以對抗社會之工具，此實爲美國人權宣言書之本旨。而司法獨立亦爲彼中所重視。孟德斯鳩之分權學說，亦因此而起。當時既認國家乃一種權力之表現，故孟氏在求所以防禦濫用此權力之保障，而盛讚此種三權分立制。至中國則絕無此等意想。

中國人之國家觀念，自始即與西土違異。

中國人生理想之最高發展，非國家而爲「世界」。換辭言之，中國人對國家觀念之重視，乃不如其重視「社會」觀念之甚。社會構成於個人，國家亦社會組織之一種，故曰身、家、國、天下。中國人常曰修身、齊家、治國、天平下，而歸極於以「修身」爲本。以「個人」爲出發，以「世界」爲歸趨，國家不過其中間之一界。故國家爲人民而立，非人民爲國家而生。人生之最高目標在其個人之「道德」與大羣之「文化」，而不在於國家之權力與意志。國家既無超人之權力與意志，故亦永無害於人民之自由，人民亦遂無向國家爭自由之風習。故西方文化爲國家的、權力的，而中國文化則爲社會的、道德的。國家之職分在護導人民道德之長進，法律則如牧人然，視其後者而鞭之，故曰：

至治之本，道化在前，刑罰在後。（東漢延平元年皇太后詔。）

又曰：

仁義者，養民之膏粱；刑罰者，懲惡之藥石。舍仁義而專用刑罰，是以藥石養人。（明太祖語。）

此皆足以代表中國傳統政治觀念下法律地位之低下。必明乎此而後可以論中國傳統所謂「禮」與「刑」之相與。陳寵云：

禮之所去，刑之所取，失禮則入刑，相爲表裏者也。

宋史刑法志亦云：

刑以弼教，禮以防之，有弗及則刑以輔之。

中國人之謂「刑禮表裏」相輔者，蓋與彼土所定行爲與權利之相隨有其相似，而精神意志則絕不同。

耶林謂法律之效用，始乎許人以行爲，吾人乃得由此行爲中而推求與觀察所謂權利之一物焉。行爲爲行使權利之惟一途徑，權利爲享受法益之惟一手段。此耶林之所謂行爲，略當於中國之所謂「禮」，而其不同者，西國從行爲推到權利，其骨裏仍爲個人主義。

中國倫理思想因主性善，道德以仁孝爲中心，故禮雖屬於行爲，又曰禮尚往來，而從禮推衍，仍無西國所謂權利之觀念。孔子曰，「克己復禮爲仁」，又曰「人而不仁如禮何」，禮仍與仁相表裏。故西國言行爲，歸之個人之權利；中國言禮，則歸之個人之道德。此已不同。故西國以法律認許吾人行爲之權利，中國則以法律禁防吾人行爲之不道德。故熊遠謂「禮以崇善，法以閑非」。唐太祖「明禮以導民，定律以繩頑」。漢書刑法志謂「制禮以止刑，猶堤之防溢水」，而遼書刑志則謂「刑者始於兵而終於禮」，明刑法志謂「唐撰律令一準乎禮以爲出入」，皆可以識其用意之所在。此又中西法律繫乎其政治意識與國家觀念之不同而相與爲異趣者三。

## 四

然繼此尚有辨者，則是法律與宗教之關係。

尚考其始，古代希臘、羅馬、印度諸邦，法律本皆爲宗教之一支。❻以當時彼中政治情形論，自宗教團體以外無政治，除舉行公祭的教士以外無官吏，除宗教所宣神性祝語以外無法律，法權即宗教，法律即靈文，司法即禮節。平民無宗教，因遂不得爲公民，不得參加政權。此等現象，正若與中國古代相似。中國人所謂禮，本源亦來自宗教。又曰：「禮不下庶人，刑不上大夫。」宗教之階級，即法律之範圍，似若中西頗相一致，而其間復有別者。

中國自儒家思想興起，即代替宗教之功能而有之，而禮樂之涵義，遂偏於人類自性道德方面者日多，偏於宗教儀節崇拜方面者日少。西國則自羅馬帝國之晚期，耶教傳布，以宗教代宗教，而別無如中國儒家思想之一流。故在彼邦占社會最高地位爲人生權利保障道德嚮導者有二，曰法官、曰教皇；曰律師、曰牧師；曰法庭、曰教堂，而政府威信常屈居其下，如是則謂之治。若法官教皇不當位，律師牧師不盡任，法庭教堂不稱職，而政府巍然獨踞於社會之上，則必亂。

法律以公平爲職旨，於是而有自由平等，此爲俗世之大義，復有耶教博愛爲天國之至訓，宗教法律兩者相扶互成，而自由、平等、博愛三語，遂爲近代歐洲政治意識之最高標的。

故彼中所謂法律者，大體不過調和於各國人之意思，使皆有極大範圍之自由，此即平等。自由平等皆本個人言，又加之博愛，然博愛亦非發自人之內心，人類乃本上帝意旨以爲博愛。故西國宗教之與法律足以相輔而相成，除法律外無正義，除宗教外無教訓。至其學校與教師，則其地位遠不得與法庭律師教堂牧師相比擬。❼

中國則道德教訓存於學校，而法律刑罰寄之政府。禮之意義，既全離於宗教，而彼邦所謂法者，其大部分乃爲中國「禮」字範圍之所包。❽而中國人之所謂法，則大體側重於刑律，此乃雙方整個文化系統之未能强同，此又中西法律觀念之異趣者四。

## 五

苟明於中國傳統法律觀念在整個文化系統中之意義，則中國歷來論者所以常輕視法律而又常常主用重刑嚴法之說，可以不煩申辨而喻其意旨之所在。劉頌云：「古者用刑以止刑」，梁統則曰：「刑罰不苟務輕，務其中，君人之道，仁義爲主，仁者愛人，義者理務，」愛人故當爲除害，理務亦當爲去亂，故書曰：「天秩有禮，天討有罪」，聖人因天秩而制五禮，因天討而作五刑。荀悅謂「禮教榮辱以加君子，化其性也；桎梏鞭撲以加小人，化其行也。」刑法常與小人及罪惡同門，則宜其率主重刑而又常輕視之。然法律之在中國，雖曰爲私議之所輕賤（衛覬語），而歷古以來，法律專家則史不絕書，漢、晉名儒如馬融、鄭玄、羊祜、杜預皆律家也，六朝、隋、唐迄於趙宋，代有律博士，轉相教授，此官至元而始廢。故中國士人對於律學，蓋夙所盡心。漢代馬、鄭諸儒章句十有餘家，家數十萬言，其盛可思。而今傳唐律疏義尤稱明允詳密，爲治吾國律統者不祧之祖。又自他一端言之，雖古有禮不下庶人，刑不上大夫之說，若禮刑待遇顯分貴賤，實則中國傳統觀念固莫不主法律平等，商君書賞刑篇謂：「刑無等級，自卿相將軍以至大夫庶人有不從王令犯國禁亂上制者罪死不赦。」此不僅商君法家言然，蓋中國傳統精神莫不然。當春秋時，楚申無宇據僕區之法而折楚靈王，靈王爲之謝罪。當戰國時，孟子設謂皐陶爲士，瞽瞍殺人，亦在必執，未聞以其爲天子之父，而當末減。又如漢代張釋之之對漢文帝，亦儼然西土所謂司法獨立之精神。

明代主疆域者曰布政，掌刑名廉刻者曰按察，掌軍政者曰都指揮使，司法行政異官，本中土舊典，蓋法律平等，司法獨立，在中土非無其意，抑且明見其制。中國人輕視法家，特以其徒尚法律，不務教化。即在西國亦未聞有謂教堂可獨去，法庭當獨存者。若遂謂中國不知法治，則又一謬說。

蓋中國傳統觀念，國家與社會不嚴別，政治與教化不嚴別，法律與道德亦不嚴別，國家之與政治與法律，其與社會之與道德與教化，二者之間，其事任功能常通流而相濟。故儒家言禮即已包有所謂法。後儒言法，亦多包有所謂禮。如唐杜佑通典，食貨、兵刑與禮樂並列，杜佑不謂之法而謂之「典」，典即法。

一代之興，莫不有法，爲上下所共遵而不敢踰。然而中國學者終不言法而言禮，蓋禮可以包法。孟子曰：「上無道揆，下無法守」，「道」「法」兼舉即禮矣。若捨禮言法，則法將用於尅制而啟爭端，故中國人不貴。

中國亦有不言禮而言法者，如曰「有治人無治法」，又曰「有治法而後有治人」，此法即括一切典禮，如杜氏通典之所舉，不限刑法。後世既多束縛於文法，使人不獲自盡其才智，乃有治人治法之辨，然則謂中國無法治，不謂之謷說不可。

故中國人言法治非以法律治，法律特以輔禮教道德之不足，斯法學淵源仍當本之於經術，韓愈謂「使法吏一斷於法，而經術之士得引經而議」是也。此其意蓋亦本之古誼。漢書高祖紀，七年令「執見不同據經論決者聽」。夫禮者，先王未之有而可以義起，今之於法，又許其執見不同，據經論決，故中國法律乃富有矯正衍進之活動性。西土輓近法家所謂由法律而得公平，非依照法律爲公平者，我國法律早有此精神。

抑且中國人對法律所期求者尚不止於公平，如西土之所標舉。蓋中國既重禮教道德，故對法律觀念亦輕其成文而深探其內心焉。鹽鐵論謂春秋之治獄，論心定罪，「志善而違於法者免，志惡而合於法者誅」。晉熊遠亦言之，「法蓋麤術，非妙道也，矯割物情以成法耳。若每隨物情，輒改法制，此爲以情壞法。」其實春秋所謂「誅心之論」，與熊氏之所謂「以情壞法」者，其事本出一源，而不過所從言之微異。

夫法律本以輔道德之不逮，道德原於人之內心，則法律之不能不探本究極於人心，其義易覩。故張裴曰：「刑者司理之官，理者求情之機，情者心神之使。論罪者務本其心，審其情，精其事。」應劭亦曰：「大小以情，原心定罪」，中國人法律觀念有「重心」與「重情」之二成分。此又與其重經術者同出一源，而復與西土法意顯見其異趣者五。

## 六

故戴記大學載孔子之言曰：「聽訟吾猶人也，必也使無訟乎？無情者不得盡其辭，大畏民志，此謂知本。」此等精神，顯與羅馬古代所謂訴訟程序迥殊。羅馬古代訴訟，必須嚴守法律文句，稍有錯誤，即致敗訴。如一葡萄花主對私伐其葡萄起訴，若不依律曰「採伐樹木」，而徑曰

「採伐葡萄」，即作無訴權論，其他手續怪誕，尚有甚者。中西相映，各一天地。蓋中邦重內心，彼土重外律。此邦常有以情壞法之虞，而彼中則常有以法蔑情之敝。

羅馬法既與羅馬帝國相得而益彰，而近來彼中學者又頗謂羅馬之形式法學與彼方最近發展之資本主義有甚大之效助。是彼方法律固與帝國主義資本主義結不解之緣。而吾土之尚情法學，則與此二者俱不協。今吾國人既以西方帝國主義資本主義爲詬病，而又不勝其富强之歆羨，則轉而盛譽及其法治。不知其所稱譽者即其所詬厲，所詬厲者即其所稱譽，此又中西兩方文化系統之相違，固不得輕執彼一以譏此一。

明乎此，則董仲舒之春秋決獄，在中國傳統觀念下固無可怪。歐洲近世大學起源，其在十一、十二世紀時，强半治法律與神學；其治法學，大抵崇奉羅馬法典而爲之註釋，稍後則復就註釋家之成書而爲研討，此豈不如中土諸經之有注疏？羅馬法大抵淵源於習慣，所謂「申、韓卑卑」，故法律之學終不足以獨尊，而猶待於有宗教與神學。求所以闡釋神學者而又有哲學，此西方大學初期課程之大要。

中國人治法律，既不以習慣爲尚，又不嚴奉宗教，則治法律者溯源於經義，此亦事理之可解者。西土宗教與法律常相毗，今學者不之怪，獨於中邦法律與經學相通，則目爲誕，甚矣其不知類也。昔唐時盧承慶考內外官，一官督運遭風失米，盧考之曰，「監運損糧考中下」，其人容止自若，無一言而退。盧重其雅量，改注曰：「非力所及，考中中」，既無喜容，亦無愧詞。又改注曰，「寵辱不驚，考中上」。盧氏之事播爲千古之美談。夫督運失糧，非徒無罪，而轉得中上之考，抑且俄頃之間，考語三易，翩其反而，高下在心，此而爲法，復何事爲非法？然中國人觀念，重活法不重死法，重心法不重文法，審法尤貴於審心，守法尤貴於守心，如盧氏之事，其人非深通夫經術，深修乎心術，即不足以覈此督運失糧之法。故中國傳統觀念，遂有「重人不重法」之趨向，復有所謂「法外之意」者，論其敝則深文巧詆者有之，舞文弄法者有之，然天下無無敝之法，固當通攬大體而深觀之，非可掎摭一事以判利病。夫徒法不足以自行，終必仍有待於奉法、守法、知法、明法之人。今法律既原本「經術」與「心學」，則求其人之奉法、守法、知法、明法者，自非深通於經術深修於心術者不可。此又中國傳統法律觀念下一種相隨而特有之精神。

昔商君有言，「不觀時俗，不察國本，則其法立而民亂」，法儒孟德斯鳩則謂：「中國常爲人所勝，而其法典終不爲勝者之所更，蓋其國習俗、儀文、法典、宗教渾然同物，雖有勝家，不能取一切而悉變之也。」（嚴譯法意）

然今日之中國，雖無勝家，方亟亟自毀其一切而謀悉變，於是法律亦不能逃於例外。今日論者方務離法律與道德教化而二之，一意模仿西俗，於舊典多有不知其用意，而輕斥輕廢者。

夫一國家一民族固不能專以法律治，然則中國他日而仍將有道德與教化，其勢又非更端易轍，再徹底模仿西方之耶教不爲功。法律既變質，學校亦換形，苟非有教堂以濟其缺，則頹波所趨，將不知其所屆。然若求中國法庭、教堂、學校、政府一切盡變，以效西俗，其事固亦非一二百年之所能成，豈徒一二百年，相鼠有體，國亦宜然。體之既立，有不可以盡變者。彼自尸於輔國導民之位，而昧於國家民族文化之本統，固將無往而不見其齟齬。

❶古代希臘諸邦皆以法律劃一居民之服飾。斯巴達法律有對女人帽子之規定，雅典禁女人旅行攜帶三件以上之衣袍，盧德禁止刮鬍，彼臧斯法定家中藏剃鬍刀者罰鍰，斯巴達則罰居民不剃鬍者，又斯巴達、羅馬皆禁養殘疾之子，柏拉圖、亞里斯多德理想立法中皆有之。柏氏法論謂個人所有家庭及其財產，均隸屬於城邦，城邦常能以强力壓制家庭。希臘人雖在市民觀念上尋到脱離君權暴橫之一種解放，然並不能在社會上爲家庭謀必需之地位，古希臘學者亦無杜門隱逸之權，凡屬公民必當出席議會投票，並充任國家官吏，遇公務爭議，公民必歸附一派，表示贊否，不許有中立，不表可否而中立者，則嚴懲。兒童教育屬於公家，父母不得有主張，柏拉圖謂兒童不屬父母，而屬於邦國。宗教亦無自由，不許懷疑其邦神，蘇格拉底之死，即由此。人皆爲邦而生，亦爲邦而死，惟其得投票選擧與被選爲邦之官吏，此即當時人所謂之自由。

又按：荷蘭法學家克拉勃 H.Krabbe 謂柏拉圖意在採用一種共產式的生活之激烈要求，實現統治階級最純正之正義意識，統治者爲求繼續避免一切掛念及拋棄利益，故彼輩必皆無妻室無子女無財產，凡能擾亂統治權行使之一切因素，皆應屏絕，柏拉圖蓋承認與牧師當終身不娶之主張相同之根據。彼謂凡專心於完成人類道德之人，必須拋棄一切個人利益，故柏拉圖之理想國，乃企圖用一種外部的方法，即消滅利益的方法，克服統治者之私利。物質掛念既已消滅，始可努力實現理想。

今按：克氏發揮柏氏原意極明白。由柏氏與亞里斯多德同病，亦不瞭人性向善之良能，而其運思立論，又較亞氏更偏於玄想，故有此等理想國之擬議。近人頗疑儒家聖君賢相之說，有似於柏氏之哲人政治，不悟柏氏理想之哲人，固與中土聖賢根本不相似。

❷ 羅馬法中「法律」一語，拉丁語曰來克司 Lex，又曰優司 Jus。「來克司」者，羅馬古代專指國王所制定之法律言。至共和時代民會議決法律，亦曰來克司。然依拉丁語解釋法律一字之意義，最適當者爲「優司」，此字有時指權利言，有時兼指權利與法律言。德儒耶林 Rudolf Von Ihering，言優司一字以爲束縛用則爲法律，以爲束縛義務者用則爲權利。

❸ 荀子云：「制刑之本，將以禁暴惡且懲其末也。」漢書刑法志：「制禮以明敬，作刑以明威。」又「制禮作教，立法設刑。」鄭昌上疏：「立法明刑，非以爲治，救衰亂之起也。」張敏云：「孔子垂經典，皋陶造法律。」原其本意皆欲禁民爲非。張裴云：「律始於刑名者，所以定罪制也。」此爲法律主禁非之證。漢文帝詔書云：「法者治之正，所以禁暴而衛善人也。」元帝謂：「法令者，所以抑暴扶弱，欲其難犯而易避也。」蓋法之禁暴罰惡，其意在於衛善扶弱，此又一義。

❹ 鄒令納克 JillineK 論法律三特徵，謂法律乃衆生互相對待之外行規範，一也。又謂法律乃由一已知之外現權力所發生之規範，二也。又謂法律乃一種規範，其束縛力乃由外現權力爲之保證，三也。至英儒霍

布士則謂法乃主權者之意志。反言之，主權者之意志即法，其論若偏激，實道着彼中法律之深處。

⑤ 近代歐西學者對國家觀念之理論亦有不取希臘國家至上舊觀念者，如德儒馮特 Wundt 謂國家非法律所必需，法律所必需者乃一團體之存在，此團體由其內部思想與利害一致之故而能產生羣的意志，由是法律即以實現。彼中法家謂馮氏此說，足爲國際法存在之根據，然馮氏論法律，非必需於國家，其義卓矣，而仍不脫以利害觀念爲中心，與中國傳統思想之偏向道德與文化觀念者，仍有毫厘千里之辨，此中西思想之所以終不易於驟合。

彼中新說更爲接近中國人觀念者，則有荷蘭法家克拉勃 H. Krabbe 之近代國家觀念一書，大意謂國家乃公務之集合體，故法律目的不在權利之維持。社會乃一種制度，在此制度內，常有多種服務之交換，法律則爲達到此項目的之方法。個人乃事業之主體，而非權利之主體。法律目的在保障利益，而利益屬於公衆，可以共享，與權利之屬私者不同。克氏謂政治團體已逐漸不受外部權力之支配，但受存在於人類內心及其精神力之支配。此種精神力，已代替個人權而容許法律與正義之產生，人類內心自有正義之本能，正義之感覺，及正義之意識，此皆足以强制人類生活於大羣中，此乃國家觀念所固有之統治基礎。又曰：法律非一種威嚇的權力，而寧可說以倫理性質爲根據。法律之權力，可以在正義情感之反應作用內尋出；此種權力，存在於人之內部，而不在其外部。

克氏此種觀點，殊與中國傳統理論較爲接近。然彼立論中心，仍是偏重人類正義之感，若追論正義之核心，仍將返於亞里斯多德之所謂公平。又彼云事業與利益，此與行爲與權利，不過一重個人言之，一重社會言之，要之仍自古希臘思想中脫胎，不過目擊近世大陸派國家觀念之流弊，而求有以矯正之，其與中國傳統思想，仍隔一膜。此尚論中西文化與思想者所當微辨而深識。

⑥ 希臘、羅馬、印度諸邦古法，皆混有禮節儀注禱辭，亦有關於所有權繼承權諸法，散列於祭葬諸禮之間

者。十二銅版法並載葬禮之詳細節目，蓋彼中古人自謂法律出於神，柏拉圖謂服從法律即服從神，皆其證。

❼古希臘、羅馬之所謂 Pedagogue，非教師，乃教僕也。近代彼中教師教育諸字，尚多從此演變而來。十九世紀以後，各國始注重國民教育之推行，然教師亦僅被認為一種公務員，其在社會上之尊嚴，仍不如牧師與律師。

❽傅隆謂「禮律之興，本之自然，求之性理，非從天墮，非從地出。」古人往往禮律不分，故八議八成之法，三宥三赦之制，胥見於周禮。初未有「禮」與「律」之分。漢叔孫通所撰禮儀，亦與律同錄藏於理官，而近代如曾國藩論禮，謂「先王之道，修己治人，經緯萬端者皆禮。」又曰「舉天下古今幽明萬事而一經之以禮。」又謂「秦樹灃氏五禮通考，自天文地理，軍政官制，都萃其中，旁綜九流，細破無內，惜其食貨稍缺，嘗欲集鹽漕賦稅國用之經，別為一編，傳於秦書之次。」先聖制禮之體之無所不賅固如是。如曾氏說，則西國一切所謂習慣法成文法，固亦可以盡包而無遺。孟德斯鳩亦謂中國合宗教、法典、儀文、習俗四者於一爐而冶之，總是四者之科條而一言以括之曰「禮」，此亦知中國言禮即包法。

又如西方國際公法，其法獨超出於國家之外，故彼中學者謂國際法乃道德的一部分，因其不能用刑罰強迫施行，並不具有有效之制裁，惟於道德上有拘束性。此在中國春秋時代，已有極開明極進步之國際公法，惟中國人不謂之法，而謂之禮。即如議唐、宋、明之對外，既非春秋列國並峙之禮，然中國仍然常守其對外之禮而不逾，其自制自裁，亦超乎今日列強之遵從國際公法。此則由於中國人對禮之觀念自與彼中法之觀念不同故。

（民國三十一年三月思想與時代月刊第八期）

# 七　法治新詮

近賢好言法治，顧法之爲義，固不僅於信賞而必罰，而猶有其大者。法之大義，在求「人盡其才，官盡其職，事盡其理，物盡其用」。若是則賞繼之，否則加罰焉，故曰法之爲義，不僅於信賞而必罰，賞罰抑法治之下。就賞罰言之，信賞尤宜先。昔商君變法，亦先徙木立信。刑罰者，其殆行法之最後，善治者不得已而一用之。苟一以刑名繩墨爲法治，此必誤其國有餘而治其國不足。

漢、唐、宋、明之盛世，所以立一王之大法，建數百歲之規模，以興當代之治者，莫不有深意焉，以期夫人之盡其才，官之盡其職，事之盡其理，而物之盡其用。若是者，其在中國，常稱之曰「一代之典章制度」，而不盡謂之「法」。申韓卑卑，切於名實，中國謂之法家。國人之言法者每鄙視之，以其僅知以賞罰馭天下，而不知所以爲賞罰之原。苟昧其原，雖賞焉罰焉，而未必能人盡才，官盡職，事盡理，而物盡用。而徒操賞罰以束縛而馳驟之，則賞罰適足以促亂釀而變也。

然則若之何而使人盡才、官盡職、事盡理，而物盡用？曰求之於漢、唐、宋、明之所以爲之者而抉其精，尋其微，則必曰「自人盡其才始。」必人盡其才，而後官可以盡職，事可以盡理，物可以盡用。固未有人不克盡其才，而官克盡職，事可盡理，物可盡用者。然則人盡其才，乃法治之大本要宗。何以盡人之才？則必疏節而闊目，使人之才情氣力，恢恢乎於我法度之中，若游刃而有餘，而後人之有才者得以盡，而我之賞罰得以施。不然，我之法度繩墨，固已束縛其人而惟我之馳驟之，則人雖有才，固不能盡，而我之賞罰亦何所施。縱或施焉，亦曰遵我法者賞，而違我法者罰，是賞罰僅所以嚴我之法，而非所以盡人之才。人之才既不克盡，亦何貴於我法之嚴乎？

故古之善爲治者，太上莫如尊才而遜法，務求容人之才，使得寬深自盡於我法度之中，而我操賞罰以隨其後，以鼓舞而獎懲之，此其上。其次則守法以害才，一視其從違於我法而賞罰焉，使人知有法而不知有才者，此其次。尤下者，則不惟拘法以礙才，抑且困於法而自敗其賞罰，使賞罰之權無所運，則法斯最下矣。於是則人才荒而天下亂。

故法治之美，有一言而可盡者，曰：「莫大乎使人之有才得以進，而不肖者亦得以退，而又使人之才不肖易以顯」，此最法之善者。何藉而使才不肖易以顯，又使有才易以進，不肖者易以退？曰：「莫大乎明其責而專任之，又貴乎簡損其階資節級之尊卑而上下直達，使在上不爲貴，在下不爲賤，以暢其氣而通其流。」如是則人之有才，卓乎可以自異，矯乎可以自奮。凡爲天下之才留其自異自奮之餘地者，此必天下之良法。

老子曰：「三十輻共一轂，當其無，有車之用。」論語亦言，舜之治，「恭己正南面而已矣。」元首無爲於上，股肱勤勉於下，百司各有役，而一人總其成，集賞罰之大柄，而不攬叢脞之庶事，古之人君必有得於此而後可以言法治。人君之下曰大臣，大臣者，雖一人之股肱，亦百僚之樞紐。其德已盛，其位已尊，賞罰不得而驟施焉。賞罰驟施於大臣而政必疲。故大臣者，負最後之重責，而不親最先之事任。雖不能自超於國家刑賞之外，而實分掌國家之刑賞，以指揮諸司而陶鑄栽成之者。騁才以效職，競能而騈進，此之謂諸司。利見大人，或躍在淵，朝惕夕乾，以兢兢於刑賞而爲政務之中堅。自此以往，復有羣吏，簿書期會，筐篋之間，嘉善而矜不能，則亦非刑賞黜陟之所重。

故一國之政，必有元首焉，有大臣焉，有諸司之與羣吏焉，四者各識職而分理明，則法舉而治成。四者各失職而分理棼，則法隳而治壞。漢、唐、宋、明之稱良法美意以成其一代之治者，靡不推本於此。

嘗竊論之，君、臣、司、吏之四職者，其相互之分限既明，而又關節疏通，血脈貫注，渾然一體，彼此無隔閡枯痹之病，惟漢爲然。漢制之弊，獨在君位世襲，不能師近代選賢與能之意。若去此害，古今良法，無與媲者。其次如唐、如宋、如明，雖古今之間，進退不一，或君驕於上，或吏疲於下，上下之間，或精血之已滯，或生氣之不屬，然大臣諸司，猶各得自展布。相與之間，無清濁崖谷之別，猶足以赴法意而合治道。尚觀歷代官制，大臣率職無弗治，大臣失職無弗亂，烏有爲大臣而無可以自展布者。有之，惟清代則然。漢、唐、宋、明固勿爾。然大臣之職，爲治史者所易曉，昔南海康氏論古官制，獨於曹司利弊，慨乎言之，此亦古今得失之林。康氏之言曰：「唐制尚書三品，宰相亦三品。侍郎四品，郎中五品，僅隔一階，故郎中已極清顯，得常朝自奏事。奉使開閣，乃許加銜；內轉學士舍人，即登揆席。宋元豐後，二十四司亦清途，多以名流居職。然堂屬之隔漸生，至明益懸殊。然明之郎中員外主事，品秩雖卑，因六卿有大權，亦如漢之公府掾。郎署出身皆自進士，補官極速，年少氣盛，皆思自致於功名。又郎曹皆許奏事，皆許召見，得奉差使，吏部推擢不拘資格，郎中一轉京卿，可放巡撫。主事一轉御史，可爲巡按。轉瞬已躋權要，故氣盛志銳，奮於事功。明代人才莫盛於郎曹。即在郎署中，指陳建白，已過清季之大臣。滿清專政權於一族之私，大臣失職，而郎官尤卑猥。尚書副一品，侍郎正二品，郎官五六品如故，相隔如天淵。郎官又不獲召見，不許奏事。冗散猥雜，六曹如無曹也。」

又竊論之，輓近世官制之弊有二。一則曰曹司之日降而日污，又一則曰地方親民官之沉淪而莫拔。斯二者其弊皆至於清而極。康氏之言曰：「漢大縣令位千石，如清三品官。其縣廷得自舉諸曹，大縣多至千人。郡太守有丞尉佐之，得自辟諸曹，下督諸縣。漢郡治地大小，略當清之一道，或僅如清之一二府。所隸縣大者二三十，小者不過數縣，而能自辟僚屬，徵用名士。遷自議郎縣令，入爲三公九卿。唐、宋爲州三四百，治地亦僅如清之半府，然親王宰相時有出外領州事者，侍從大臣更迭典州。其別駕及宋世通判，位秩極崇。唐別駕皆四品，即其分曹錄事參軍，亦多自京朝清秩出領。刺史別駕得入爲宰相。治地既小，長官尊顯，僚屬多才，宜足爲治。明代知縣尚可行取爲御史，長官畏之。至清則藩臬不能出奏，督撫位極尊，非累遷莫能達，而知府、同知去藩臬如登天，無論於知縣矣。」此又清制之極弊。

夫親務莫如曹郎，親民莫如州縣，二者失職，庶政斯隳。而推尋厥原，多由於階資品級之層累而加密。康氏又言之，謂：「兩漢之制氣疏以達，孝廉再轉爲郡守，三轉爲三公。後代如明制猶略近之，其大學士初僅五品，皆以翰林官充之。英宗時，有貢生生員入閣者，其知縣可爲御史，御史可出而巡案，兩轉則爲巡撫。主事中行評博可爲御史，再三轉皆爲京卿，四五品卿即得選爲大學士，而巡撫亦皆以四五品卿銜爲之。故其時磊落英多之士，得以妙年盛氣，舉職行志。清代自京卿至侍郎必十餘轉，自五品員外郎爲四品卿亦須九轉。資格久定，耄老疲荒，糊塗覆餗，胥此之由。」故職責不明，則有才而莫顯。階級不省，則有功而莫拔。求賞罰之大原，宜無先於此者。

今復約而言之，言法治必及於賞罰，然罰有罪不如賞有功。自古未有專恃罰罪而可以立國行政者。秦二世之督責，明懷宗之操切，「其亡其亡，繫於苞桑」，史訓昭然，盡人而見。求賞有功，則必先明分職，簡階資。分職明，則當官者確乎有以顯其才。階資簡，則在下者躍然有以希其達。有才者顯，在下者達，而後賢者在位，能者在職，而治可舉。其尤要者，則在曹司之與州縣，此二者，親務親民，國家實政之所託，爲治者所必先加意。將爲之疏通而條達，有以磨其才而礪其氣，則必先有事於汰冗官，省虛位，使上下一氣，生機暢遂，無臃腫累膇之病，有陶鑄化成之樂，而後始可以語法治。

故言法治之精美，其在中國，惟儒家得其全，漢、唐、宋、明所以成一代數百年之治者皆是。黃、老清靜，見其一節；而申、韓名實，惟務賞罰之末，斯爲最下。故治法之美者，在能妙得治人之選。昧於人而言法，非法之至也。而所以求治人之選者，又必於親民親務之職求之，此又百世不變之通則。

在於親民親務之職之上者曰「大臣」，大臣不可以亟罰，故爲大臣者貴能分其職於下而總其成於上。分職於下而總成於上，始爲得大臣之體。得大臣之體者，職責有所分，斯罰不得而亟加焉。大臣又不可以亟賞，古之爲大臣者，當其年已高，德已劭，則榮以好爵，尊以散階，不責之以實政，此所以優禮大臣而永終其福祿，亦使後起美材，得以自奮而無害。此最法之美者。雖今歐西民主諸國，莫不有元老，有貴臣，亦此其意。

親民親務之官之下有羣吏焉，惟漢制羣吏得自拔以升進於公卿，後世不可得而遽企矣。隋、唐以來，羣吏自成一流品，而胥吏之爲政蠹，至於輓近世而極。今日者，政務益殷繁，吏事益叢脞，欲救斯弊，則莫如法歐、美之新制，訓練其專業而優給以終身，使之安於所守而欣欣有向榮之意，舒舒無沉淪之嘆者，此又法治一要端。

夫使大臣諸司羣吏各得職，而一國之元首，端居默運於上，如尸祝之不越尊俎以代庖人，此豈非法治之至美！

凡此所陳，與近賢之言法治，意多不侔。近賢言法治，皆指歐、美民主憲政，此獨舉漢、唐職官制度。古之人言之曰：「賢者識其大，不賢者識其小。」中西政制雖異，亦或有精義之相同。此雖小節，不失爲法治之一端。又中山先生論權、能分立，此亦符其偏義。誠使在上者得我說而存之，亦可以妙得治人之選，獨非言治者之所同爲馨香禱祝而求者乎？

（民國三十二年七月思想與時代月刊第二十四期）

# 八 政治家與政治風度

## 一

政治家所寶貴者，固在其政才與政績。而更可寶貴者，則在其政治之「風度」。昔朱子論學，特創「氣象」一語，常令學者玩索「聖賢氣象」。氣象之爲事，可以心領神會，難於言辭描劃。今言政治風度，猶如論學者氣象，同樣非可以言辭指說，具體刻繪。姑試强說，「風」者乃指一種「風力」，「度」者則指一種「格度」。風力者，如風之遇物，披拂感動，當者皆靡。格度則如寸矩尺規，萬物不齊，得之爲檢校而自歸於齊。故觀察大政治家之風度，每不在其自身，而在其周圍。凡此政治家風度潛力之所及，自足以感靡倫類，規範儕偶。如風偃物，同趨一向。如度規形，同成一式。因此一政治家之風度，其潛力所及，每成爲一時政治之風度。此種政治風度，既爲羣力所凝，往往可以持續發展，達於數十年乃至數世之久者。此所謂開創之與守成，因其自有一姿態，自成一局面，可以形成一時期之特殊風格，而爲歷史家所稱爲一「新時代」。

大政治事業，根本乃一羣性集團的社會事業，而同時則必須有領袖與主導。此領袖與主導而爲一大政治家，則其風力之所感靡，格度之所檢正，常使此一羣體一社團同時響應，有不自然而然者，遂以形成一共有之趨勢，與共認之局面。惟如此，乃始得謂政治事業之完成。若其領導與主持者，自身並無風度可言，即無潛力爲感靡與檢正，乃徒尚其尸居高明之地，登高而呼，聲非加疾，而生殺刑賞之柄在握，乃欲頤指而氣使，其府怨招敗者不論，其有才能功績可言者，亦出於所憑藉，因高爲深，非出本原。其事業往往及身而止，而生時之成功，復有不敵其身後之遺禍者。此非深識洞鑒之士，亦多迷惘而不足判其是非得失之所在。

故一政治家之風度，實爲一種無形之才能，亦爲一種不可計量之功業。論其感靡之深廣，與其規範之凝久，較之私人一時所表現之才能事業，實相千百倍蓰而無算。而其本原所自，則在此政治家之精神與內心。其德性之所發露，學養之所輝照，斷斷非憑藉地位權力以爭顯其才能功績於一時者所能相提並論。

## 二

以上籠統述說政治家風度之重要，以下試就中國歷史具體舉證。其名臣重望，不勝枚舉，姑就歷代帝王論之，其堪稱具有大政治家風度者，約略稱舉，可得五人。一、秦始皇。二、漢武帝。三、唐太宗。四、宋神宗。五、明太祖。

此五人中，除宋神宗外，皆有豐功偉績，爲後世所景仰。惟宋神宗不僅無大功績可言，抑且宋代政制之動搖，與宋室之衰亂，幾乎皆自神宗啟其機。然在當時以及後世，凡反對新法批評王安石者，均不牽連及宋神宗。無論其人政見，對新法贊否，皆於神宗不致貶辭。此何以故？蓋即爲宋神宗政治風度偉大之所感攝故。

宋神宗初即位，即有志慕效唐太宗。及王荊公告以漢、唐不足法，當上規唐、虞，而自負爲稷、契，宋神宗即於荊公深加推敬，君臣而不翅師友焉。此種高遠之理想與熱忱，蓋即一大政治家風度之真本原。宋神宗之偉大不可及處，即在其有理想有熱忱，能尊信荊公力行新法。雖舉朝反對，而不爲搖惑。即荊公告退以後，神宗親政，依然一遵荊公新法，篤實推行。而宋神宗之更偉大處，則在其既尊信荊公，而於荊公之政敵司馬光，亦同樣加以推敬，保護寬厚。此則尤爲大政治家風度之特有標記。當知神宗尊信荊公，與唐玄宗信李林甫，德宗信盧杞不同。神宗之信荊公，乃本之其內心高遠之理想，與其一往奔赴之熱忱；玄宗之信李林甫，與德宗之信盧杞，則由其私心洩慾之流蕩而不克自制。故知論政治家之風度，皆當由其自身之德性。雖荊公之爲人，猶有可訾，而神宗風度，則實可敬。今論荊公、溫公，實同爲當時一代偉人。荊公風力甚高，而格度稍嫌其狹。溫公格度甚宏，而風力微覺其遜。此二人之不同，正如其前輩范仲淹之與韓琦。范以風力勝，韓以格度勝。惟韓、范雖調洽，而仁宗不能主持力用；王、馬雖齟齬，而神宗能同樣尊敬愛護，此宋神宗之政治風度所以為不可及。無怪當時及後世人，對他一致不敢加以貶辭。

第二要說到唐太宗。唐太宗允文允武，英才蓋世。其所成功業，亦震古鑠今，不愧為中國史上第一大皇帝。而尤其使唐太宗高出千古者，則在其當時一個花團錦簇的政府。賢相如房玄齡、杜如晦，諍臣如魏徵、王珪、戴胄、馬周，兼資文武如李靖、李勣，其他名將能臣，舉朝不可勝數。登瀛洲十八學士，輝映史冊，前後無比。雲從龍，風從虎，最偉大的政治家，便在其有風雲際會；最可寶貴的政治風度，便在其能團聚風雲，使天地為之變色，舒慘為之易候。故貞觀一朝之名臣賢相，實乃相輝互映，以烘照出一個唐太宗偉大之地位。大政治家之成就，並不專在其自身。其更要者，實在其攀龍附鳳之一集團。房、杜、魏、王之成功，即唐太宗之成功。房、杜、魏、王之風度，即唐太宗之風度。貞觀一代之政治風度，不僅感靡規範了唐室三百年之天下，抑且歷宋、元、明、清，中國近代一千年之歷史，依然為唐太宗風力之所感靡，格度之所規範，則其人之偉大可知。而其偉大之徵相，則不在其自身而在其周圍。凡求於其本身見偉大者，此即其風度不足之顯徵。

第三要說到秦始皇帝。秦始皇帝雄才大略，長駕遠馭，開始混一寰宇，為中國開創大一統的新局面。其在中國史上不朽之偉業，既已歷古不磨。而其廢封建，行郡縣。相李斯乃楚士，將蒙恬乃齊人，皆客卿。而始皇親子弟，則為匹夫，無尺土封。此等意量，豈非絕大難能。惟惜史乘闊略，今對當時規爲設施之詳，已不能述說。而其在大政治家的風度上尚覺留有餘憾者，一則在其焚書與坑儒，二則在其築阿房宮與造驪山墓。大抵始皇帝風力甚勁，而其焚書則似近乎「暴」。局度甚恢，而其築阿房則似近乎「驕」。驕與暴，爲一大政治家完成其事業後易犯之缺點，而始皇帝不能免。秦代之二世而亡，便是始皇帝此等缺點之暴露。

第四要說到漢武帝。漢武以十七歲青年登寶座，較之唐太宗以十八歲經綸王業，尚早一歲。觀其立五經博士，爲設弟子員，興廉舉孝，射策補吏，又特封平津侯拜相，擺脫祖宗相傳百年來宗室軍人專政之成規，爲中國史首創「文治政府」之格局。東漢史臣班固，稱其規模宏遠，洵非虛譽。爲中國首創一統之局者爲秦始皇，爲中國確立文治政府之制度者爲漢武帝。秦皇、漢武常爲中國史家所並稱，洵堪媲美百祺，競爽千秋矣。而其對外之大肆撻伐，遠揚聲威，大漢之名，遂永爲中國民族之嘉號。其武功赫赫，尤可崇頌。惟以漢武帝較唐太宗，則似微爲不如。所不如者，正在其政府之不能花團錦簇，而且有時不免爲烏烟瘴氣。公孫弘最爲一朝大臣，然布被脫粟，曲學阿世，以視房、杜便見慚色。衛、霍之倫以親貴，張湯、桑弘羊之儔以才具。僅有一汲黯，戇直能面諍，然已不如魏徵、王珪之通史事而能緣飾以文學，而武帝尚不能常使親近。其晚年所用宰相，如李蔡、公孫賀之徒，皆下駟材。然則漢武帝個人才氣儘高，而其手下人殊不像樣。漢武功業建設儘大，而其周圍之集團，所謂攀龍附鳳以共成此一政府者，惜乎其頗不相稱。

及其晚世，家庭變故橫生，戾太子蒙怨而死，而時局亦見敗象。「輪臺之詔」，武帝亦親露悔意。幸而身後託付，尚得一霍光。又有昭宣之幹蠱。否則漢之爲漢，幾於不保。故漢臣即在宣、元之際者，已於武帝多不滿。此非漢武帝自身才具之短缺，亦非其功業之不大，實乃其周圍之相與成政者之有以累武帝。今即以漢武帝較秦始皇，似乎武帝多帶文學家氣味，亦不如始皇帝之嚴肅。故始皇之失在驕暴，而漢武之失則在奢縱。「驕暴」爲一個大政治家成功以後易犯之缺點，「奢縱」則乃文人學士之氣息。此後隋煬帝則更見其奢縱，因煬帝亦文學氣味重於政治耳。唐太宗亦偏愛文學，而太宗不如漢武、隋煬之奢縱，蓋太宗親賢受諫，故能自掩其短。故知漢武才氣不亞唐太宗，其缺者在其周圍，而一大政治家之周圍，正即此政治家風度之極好表幟。

第五說到明太祖。明祖雖起草澤，然驅除元孽，恢復漢、唐傳統文物，實爲中國民族近世史上一大功人，此當百世奉祀而無替。明祖自己嘗擬模漢高，其實量其才性，乃近始皇。其人風力亦勁，格度亦廣，故足以樹立明代三百年之風氣，開建明代三百年之格局，確然立一新氣運。而論其缺點，亦與始皇略似。蓋明祖缺憾亦在驕暴。其廢宰相，由六部直接受君主之獨裁，此即其驕態之發露。其嚴刑峻罰，行使廷杖，蔑視大臣人格，此爲其暴性之發露。明代三百年積禍，皆由此。明祖開國，對中國近世史，實爲功不掩過。較之秦皇帝，似爲不如矣。

上舉五例，有才能功績均不足而不失爲有大政治家之風度者，如宋神宗。有才能功績皆極彪炳煥耀，而以理想的大政治家之風度繩律之，尚不免有缺憾者，如秦始皇、漢武帝、明太祖。惟唐太宗最稱完善，惟其於天倫之際，宮闈之間，猶有白璧之微瑕，而終亦遺禍於後代，則甚矣一大政治家風度之不可不講究。

## 三

除此五例以外，再泛論其他人物。仍就帝王論之。漢高祖局度甚宏，而風力似卑。漢光武風力甚高，而局度似短。隋文帝、宋太祖，雖亦開國之主，然風力局度兩不足譬，因此隋祚不永，而宋運亦不開擴。漢文帝最號賢君，其私行恭儉，良可嘉善。然大政治家之風度，貴乎高明而不貴陰柔。貴乎大氣斡旋，而不貴玄默自處。文帝終自有道家退嬰之氣，與理想上大政治家之風度尚有辨。然西漢二百四十年深仁厚澤，皆由文帝濬其源，我們若用另一標準論之，則文帝洵國史上第一好皇帝。

此下再略說幾個擅權當國一時儼如帝王的大臣，晚漢如諸葛孔明，雖崎嶇小國，實爲有大政治家之風度者。其告後主曰：「鞠躬盡瘁，死而後已。」又謂：「成都有桑八百株，薄田十五頃，子弟衣食，自有餘饒。臣隨身衣食，悉仰於官，不別治生，以長尺寸。若臣死之日，不使內有餘帛，外有嬴財，以負陛下。」此其風節之高亮，爲何如者！又曰：「宮中之事，事無大小，悉咨侍中、侍郎郭攸之、費禕、董允。營中之事，悉咨將軍向寵。願陛下託臣以討賊興復之效，不效則治臣之罪。」此見其局度之恢張。諸葛嘗謂

開誠心，布公道。

此六字即足括盡大政治家應有之風度。「誠心」最爲高風，「公道」最爲廣度。而諸葛丞相之微缺者，則在主申、韓之卑卑，猶未暇措情於儒化。

同時如曹孟德、司馬仲達，雖各有才氣，各有幹略，開建基業，全爲私家謀耳。既根本說不上功業，便輪不到算一政治家，更無論於其風度。

前漢霍光，其人似有風力局度，惜乎不學無術，故禍敗接踵而至。明之張居正，才能功業，皆有可稱，然論大政治家之高風廣度，則嫌不足，故其績業亦及身而盡。

以言春秋之際，功業最大者，無過管仲。孔子曰：「微管仲，吾其被髮左衽矣。」然管仲才雖高，功雖大，論其政治風度，就見於左傳、國語及管子書中所記載，亦未見大可稱。對內之統制與組織，對外之權譎與變詐，此亦政才，皆與所謂大政治家風度無關。無怪孟子謂「孔子之徒，無道桓文之事者」，誠鄙其風度之不足。春秋二百四十年，最爲具有政治家風度者，莫如鄭國僑子產。至戰國之世，商鞅、申不害、范雎之徒，皆有才能功業，而風度皆不足稱。嚴格言之，僅有政才政績，而無「政德」，則皆不足爲政治家，皆不得謂有政治家之風度。

# 四

上所云云，於本文所欲論列之政治家風度，通觀默察，亦庶可得其涯略。

竊謂政治事業，自身含有一種矛盾性。因政治事業到底爲一種社團與羣衆事業，而主持政治領導政治者，又斷不可自儕於羣衆之伍，自封於社團之內。故大政治家必當先有高遠之理想，與獨特之自負。再換一面言之，政治事業，乃徹底的一種英雄領袖的事業，然幹政治者，又絕不當以政事表顯其英雄之才情，完成其領袖之地位，而在以其英雄才情領袖地位盡瘁犧牲於政事。故大政治家絕不當驕暴，更不當奢縱。最要者，其理想雖高出一切，其自負雖不可一世，而其篤實光輝處，則在其能屈抑自己的英武，而返身回到羣衆集團裏來。如風擺物，擺者乃物而非風。如度正形，正者是形而非度。最大的政治家，自己不見才能，而羣下見才能。自己不見功業，而羣下成功業。孔子曰：

巍巍乎惟天爲大，惟堯則之，蕩蕩乎民無能名焉。

此始爲最高最大之政治家風度。然而此又決非如道家之無爲。故上文最推唐太宗而不數漢文帝，厥爲此旨。

今再退一步從此兩點來論一般政治家之風度，則政治家理想的風力，應在能「尊賢」。理想的格度，應在能「容衆」。尊賢而容衆，雖不能說已盡大政治家應有風度之全體，然首先最要者莫出此兩點。故觀察一理想上大政治家之風度，斷不當著眼在其個人，而首當著眼在其集團，與相從共事之政府。衆籟成風，積寸成度。否則風高而薄，度廣而虛。有風而不見動盪，有度而不見短長。儘有才能功業，決非可大可久。循此以觀中國史書所載大臣名賢之政治事業，自可心知其意，不煩再費辭而解矣。

## 五

試再回頭來看中國近代的政治，則其弊害復有可得而言者。大抵中國目前政治上一甚大弊害，即爲對於理想的政治家風度之缺乏。

自從明太祖廢止宰相，已對政治家風度之陶冶，加一大打擊，使理想的政治家風度無從產生。及清代滿洲部族狹義政權得勢，更無使理想的政治家風度有迴旋之餘地。中國近世史六百年來，因此遂甚少理想的政治家。有奴才，無大臣。有官吏，無政治家。直到咸、同以下，中國人始得稍稍展布，封疆大吏略略有生氣。然還說不到發皇暢遂。

及辛亥革命，而中國人對政治觀念又爲之一變。醉心於西方所謂「民主」與「共和」之理論，而誤解其意義。以爲政治只是多數羣衆的事，只是社團黨派的事，而沒有注意到其領袖人物之培養與愛護。

似乎此三十年來，國人對於政治只注視到制度與理論，而忽略了人物。其對人物，又一向重視其才能與功績，而忽略了風度。政治家無風度，如何足以感靡倫類，規時範俗?.政治事業，雖說應該屬之平民與羣衆，到底政治依然是一種居上臨下的事。若政治家無風力，無格度，不能感靡倫類，不能規檢時俗，則政治力量全已失去，於是踞高位而運用政權者，勢不得不憑藉其勢力與譎詐。而憑藉勢力與譎詐，則根本說不上是政治。而要說到政治風度，其後面又牽涉及整個文化系統，此處則不擬詳論。

在今日國人只重政制與政才的心習之中，特爲鄭重提出此「政治風度」之一辭，至於此文「風度」二字，並不如魏、晉、南朝人所重只是一個空架子，則讀者自瞭，不再申說。

（民國三十一年五月思想與時代月刊第十期）

# 九　中國之前途

## 一

中國之前途，將決於中國之文化。文化問題，廣深難測。然苟能溯源探本，則事亦易顯。文化即人類之生活。大地人生，不越三型，此皆限於天然環境，不得不爾。

一、沙漠草原區。

二、平原江河區。

三、濱海島嶼區。

大抵草原宜於游牧，江河利於耕稼，海洋便於貿易，此三型之生活，發展而爲三型之文化。游牧部落，以地多沙磧，氣候高寒，雨量缺乏，不堪耕種，故常飼畜馬匹橐駝牛羊，逐水草而遷徙，支帳幕爲居處。其人必好大羣集合，行動飄忽，剽悍不馴。濱海居民，出門即一片大海，浩渺無際，土地蹙狹，不足依存。惟有跨海遠出，冒險求利，其人習與水居，又多歷異邦，大率樂於獨行而長機智。平原居民，以氣候溫和，雨量霑足，並有河流灌溉，土地肥饒，四季循序，便於播植，故其人率安土重遷，勤於稼穡，生活平凡而有遠慮。

# 二

茲再進而言之，則高原型之生活，頗多與海洋型者相近似：

一則、二者皆內有不足，必賴向外尋求。

二則、游牧必資乘騎，航海必待船舶，苟居沙漠草原，而無駝馬，濱海島嶼而無帆楫，其生活殆難想像。故此兩型，莫不有一根深柢固之觀念，隨有生以俱來。此觀念維何？曰「工具」，曰「征服」，船與馬，皆我生之工具，所憑賴以爲向外征服之資。

三則、牧隊商旅，漫游異土，其志本在求食，故視剽掠爲常事，遇鄰敵戒備，不得已乃以和平相交易。故其人喜進取，尚侵略，此亦無足奇。

四則、此兩型者，均極富於財產慾之刺激，長袖善舞，多財善賈、商人重愛資本，其理易曉。種馬牸牛，生生繁息，一母年產三子，則三母得九子矣，九母得二十七子矣。此種累進級數，固與商人資本無殊。

五則、既貪財富，必愛積聚，積聚之極，必尚珍玩，珍玩既充，必流入於奢侈。此亦兩型之所同。

今試返觀農業社會之意態，則適足與上陳者相反照：

衣食所需，皆由自給，不煩外求，此其一。

種芋既播，必待雨露陰陽之和，時日之漸。土膏之養，立我蒸民，胥出帝力，天人合一，安命順運，故曰雖有鎡基，不如待時，此其輕視工具不尚征服之心理，此其二。

井邑相望，阡陌相連，鷄鳴狗吠之聲相聞，居者有積倉，行者有裹糧，夜不閉户，道不拾遺，四海之內，皆兄弟也，故農村人觀念，常有睦鄰之誼，而無凌敵之心。亦因不出户，知天下，乃至老死不相往來者。彼無事於進取，更無事於侵略，此其三。

稼穡所獲，年有常限。三年耕有一年之蓄，九年耕有三年之蓄。繼此則無以加矣。倉穀逾三年，則紅朽而不可食，陳陳相因，抑且無地以貯。而天災水旱，亦往往三年而必復。又歉於此或豐於彼，有無相通，得免凍餒，彼乃不知財富之可貴，此其四。

農民之所重，曰布帛菽粟，金玉珠寶，飢不可食，寒不可衣，僅知節嗇，不尚積聚，民生在勤，勤勞則善心生，終不流於奢汰，此其五。

積此諸異，遂成文化之兩態，我將稱前者曰「富强之文化」，稱後者曰「安足之文化」。「富强」乃相較之辭，「安足」則內顧而得。故富强者不必安足；而安足者不必富强。惟其富强而不安足，故必尚進取，貴侵略，是爲「征服」之文化；惟其安足而不必富强，故尚保守，重和平，是爲「存全」之文化。尚進取者日進無疆，如蒙古○○○○○❶西歐如哥侖布、麥哲倫之遠涉重洋，尋新大陸。其心目中乃感空間之無限。農民主在存全，生於斯，老於斯，長子孫於斯，鑄一鼎彝，銘曰：「子子孫孫萬年永寶享」，其心目中所感者乃爲時間之緜延。故前者爲「空間文化」，後者則爲「時間文化」。空間文化爲權力的文化，爲擴張的文化；時間文化則爲生命的文化，爲緜延的文化。

## 三

今試再進一步論之，人生亦自然之一化耳。苟必以戡天爲尚，則戡天之極，無異自戡。何者？人不能超天以自存。且征服再征服，疆境有限，征服之極限，即此文化發展之終點，未有能爲無限之征服者。又且征服由於內不足，內不足故向外征服，是即征服其所依存。蟲生於木，還食其木，木盡，蟲亦不活，故征服文化之終極。必陷於自己征服而止。姑舉例論之，征服文化必重工具，乃自陷於爲工具之依存。故先則人爲主而器爲奴；繼則器爲主而人爲奴。今日之機械，可謂極工具之能事，然未有機械之前，人生尚暇豫；已有機械以來，人生轉忙促，若循此以往，

❶ 此處原稿缺五字。

機械愈發達，人生將忙迫勞倦，至於無地以生。此何也？是即征服文化一種無限的向外擴張之權力意志爲之作崇，遂非陷於自己征服而不止。又如財貨積聚，亦爲征服文化之所重，然財貨愈積聚，則人生愈窮乏。正猶機械愈發達，人生愈忙迫然，其引召驕奢，尚屬餘事，此皆征服文化不能止於內自安足之點所不能免之病症。

故人類標準文化，必自農業文化而發軔，亦必嚮農業文化爲歸趨。何以故？農業文化，使人各自安足，不相爭奪，此爲人生理想之最先步驟。農業文化使「天人合一」，人生與大自然相協調，此爲人生理想之最後境界，故曰「惟農業文化乃爲人類可能之標準文化」。全世界五大文化發源地，如埃及、巴比侖、印度、中國、墨西哥，莫非爲農業文化，可以證吾說。

昔英人甄克思著社會通詮，謂人類生活，率由游牧進而爲耕稼，更由耕稼進而爲工商。此說凡有二誤：游牧、耕稼、貿易，此乃各視地形，爲分途之發展，而甄氏認爲階層之衍進，此一誤。牧、農、商三者，皆當與工業相配合，而甄氏專以工商相連繫，此二誤。

然則何以古代如埃及、巴比侖等農業文化諸民族，皆相次没落，而今日歐西工商國家獨占盛勢？此亦有說。蓋農業文化有小型、大型之別，埃及、巴比侖，土壤狹、河流短，此屬農業文化之小型。此等小型農國，易於萌生文化，而不易於發皇滋長，其經濟生產易達最高之飽和點，易使文化停滯，不能有新刺激使之繼長增高，此其一。又農業文化本爲安足存全之文化，其小型者，易受外界征服文化之侵凌而不克抵禦，故埃及、巴比侖皆屢爲外圍異民族所征服，此其二。

如中國則爲大型農國，其先唐虞文化興於汾水之區，夏文化興於伊洛之區，殷文化興於漳水，周文化興於渭水，此皆小型農區易於爲文化之萌生。然中國地形，分則各具，合則大全，此諸小型農區合而爲大河文化，又擴展而及淮漢，再擴展而及長江，北達遼河、黑龍江，南及珠江、瀾滄江，惟中國爲全世界最理想之一大型農國，故其文化繼續緜延，且有新生。亦由團結力强，不易爲外圍侵略文化所征服。故論標準的農業文化，則必舉中國爲示範。

至於今日歐西各國之商業文化，則已達日中則昃之時會，此中西先識之士，多能言之，國人蔣百里著國防論，已發其微。英人羅素有工業新文明一書，亦言世界新文化將在美國、蘇聯、中國三區域成長，由此三國乃大型農國，可以自給自足，不煩向外依存。而德人斯賓格勒著西方之沒落一書，謂商業文化乃變相之游牧文化，此尤一語破的。蓋惟農業文化爲人類正常之文化，亦爲富於建設性之文化，游牧文化與商業文化皆患先天性之內不足。內不足則必向外依存，向外依存，則必向外爭取，此非正常之文化。抑且常寓有破壞性，未有爭取而不破壞者，亦未有爭取與破壞可懸爲人類文化之終極目標者。然則農業文化何以常見屈於游牧文化與商業文化？此由一主「存全」，一主「征服」，故主征服者常先見勝利，然其最後存全者，則必仍在主存全者，不在主征服者，此則歷史先例與理論內證，皆可助我證成。故在昔日，惟大型農國可以存全，其在將來，則惟大型農國之與新工業相配合者始可存全，而中國則得天獨厚，故能獨自兀立於人類文化史之全程，而常見其生新不衰老。

## 四

抑又有進者，若論地利之開發，新工業之創興，則美國居其最先，蘇維埃次之，而中國最爲落後。然正維如此，故新中國之展望最爲無限，其足以刺激吾人奮發前進之精神者，轉以中國爲最大，蘇次之，而美最否。以美國之開發創興，已將臻極盛。抗戰中，華萊士來中國，見我西北之荒蕪，而聯想及於往昔美國西部之開發，不勝其嚮往眷戀之情。是美國之景運在已往，而中國之景運在方來。

若以文化言，美、蘇兩邦，雖擅大型農國天賦之厚，然其文化淵源則實自濱海小島向外爭取之文化而來。彼之無限征服無限擴張之觀念，早已深入人人之骨髓，其能善自運用，以毋背將來大型新工業化之農業文化之使命與否，尚在不可知之數。若中國則四千年傳統，正爲一發展已臻最高度之農業文化之惟一標準，若能善保其傳統文化之美點，又能濟之以新工業化，使終不爲四圍征服文化所壓迫，則其將爲全世界人類文化放一異彩，而啟示人生大道之歸嚮者，夫復何疑。

我信愛中國之文化，我樂觀中國之前途！

（民國三十六年元旦昆明民意日報星期論文）

# 十　建國信望

勝利完成，建國大業，千頭萬緒，積年信望，承中央周刊社徵文所及，拉雜傾吐，以請教於邦人君子。

## 一

一：孫中山先生之三民主義，將爲此後新中國建國之最高準繩，其首先著眼點則爲「民族主義」。

二：民族與文化，乃一而二、二而一之兩面，無此民族，不得產生此文化；無此文化，亦將不成此民族。欲求發揚民族精神，實際只是從事文化工作。

三：一獨立之民族，創建一獨立之國家，必有其獨立之文化業績，尤其如政治、法律、教育制度、文學藝術、宗教信仰、社會禮俗等。必然以獨立之姿態而出現。

四：科學工業，可以取法他邦，迎頭趕上。上條所述之諸端，則必自本自根，由民族傳統文化之積業中醞茁其新生。

五：上條所述，決非守舊，更非復古。新舊只是生命之一串，古今只是歷史之一環，毀滅舊文化，即是窒息新生命。

六：中國民族之文化，在已往有價值，在將來仍有其存在，無舊無新，同是一種民族精神之表現。

七：文化工作之下手處端在教育制度，新中國建國時期之教育制度，必然擺脫模仿鈔襲，而有其獨特的文化立場與創建精神。

八：新教育制度下本國語言文字之地位，先將與外國語言文字取得平衡，再次則將超出之。

九：各級學校將全用本國文字之教科書（惟外國語文之修習除外），其各科參考書，亦將以本國文字者為主。

一〇：相應於此需要，將以政府力量趕速大量翻譯西方人文學方面的古今名著，以減輕解放全國青年必修外國語文之負擔。

一一：大學文法學院的人文科目，其屬於本國方面者，最先將與屬於外國方面者取得均衡之地位，再次則將超出之。舉例以言，如法學院講授西方政治思想史、西方政治制度史，同時亦必講授中國政治思想史與中國政治制度史；講授羅馬法與大陸法，同時亦必講授唐律與明律。文學院講授西方教育思想史與教育制度史，同時亦必講授中國教育思想史與教育制度史；講授西洋倫理學與道德哲學，同時亦必講授中國倫理學與中國道德哲學。餘者類推。

一二：所以者何，緣將來新中國建國完成以後之政治、法律、教育、倫理等，無疑仍是接續中國已往的歷史文化而生根，決非抹殺中國已往，橫插上西方的歷史傳統而出現。

一三：根據此項需要，政府應急速創辦國家文化學院以獎勵與培植對於本國人文學各部門之深造研究。

一四：新中國之國家教育，應以國家自辦自主爲原則，由他國作主代辦的留學教育，只是過渡時代之一種不得已，不能懸爲國家教育之方案。

一五：新中國的教育制度，又必以國家自頒學位爲原則。最先國家學位將與外國學位取得平等之待遇，再次則將超出之，最後則以國家學位爲惟一之標準。

一六：若非此種站在國家民族獨立自尊的立場下面的新教育制度急速完成，則將無法喚起民族之自信，亦將無法爭取國際間民族之平等地位。並將無法激發理想的建國真精神。

## 二

一七：發揚民族主義之第一階段，爲「國內文化之獨立」。發揚民族主義之第二階段，爲「國外文化之宣導」。
一八：同一歷史疆域者，將融凝爲同一「文化」；同一文化系統者，將團結爲同一「民族」。
一九：希臘乃西方歷史之播種者，中國乃東方歷史之栽根者。播種者新種散布，舊種凋零。栽根者枝葉日茂，根盤日大。
二〇：由中國所造成之東方歷史疆域，不僅包括蒙古、西藏諸族，亦復包括朝鮮、日本、越南、泰國諸邦。
二一：由中國文化之發揚，不僅今日國內之漢、滿、蒙、回、藏諸族將融成一體，即今日國外之日、鮮、越、泰諸邦亦將結成一系。由此造成東亞之和平以貢獻於國際。
二二：將來之新中國，將爲努力世界和平之一員，則必先有資格負荷東亞之和平，中國欲負荷東亞之和平，必由其國內獨特之文化發生力量，若稗販西方文明，依仗國外領導，則擔不起此重任。
二三：將來之新中國必有新佛教產生。佛教有甚深妙理，爲東亞歷史疆域以內各族之共同信仰，如何發揚光大，以配合此世界新潮流，惟有新中國之佛教徒克盡此責。
二四：將來之新中國必許宗教信仰之自由，耶教亦將在新中國獨立成長，不致長賴西方人爲傳教者，而中國人則單爲信教與吃教。

# 三

二五：發揚中山先生民族主義之第三階段，則爲「王道大同」。在此時期，全世界進入同一歷史疆域，融成同一文化系統，不啻如一民族，更無「彼」「我」之別。

二六：到達此階段之先行步驟，顯然爲發揚中國文化，而非取消中國文化。

二七：政治只是文化之一圈，新中國之政治發展，必將追隨新中國之文化發展而取同一步調。

二八：新中國之政治發展，必然將向「民主政治」之途而邁進。但此種民主政治，決非英美式的民主政治，亦非蘇維埃式的民主政治，亦非任何其他國家之民主政治，而斷然爲中國文化圈裏的中國式的民主政治。

二九：此種民主政治，大體必遵照中山先生民權主義之理想而實現。

三〇：此種政治理想，既非稗販英美亦非依照蘇聯，乃由中國傳統文化，匯合世界潮流而獨特創成之。

三一：此種政治理想，最先將在中國取得與稗販英美或依照蘇聯之政治理想一種同等之地位，其次則將超出之。

三二：新中國之政治理想，將爲一種「王道」政治而非霸術政治，並將爲一種「全民」政治而非政黨政治與階級政治。

三三：王道政治全民政治之精神，在「政民一體」，而非政民敵立。

三四：政民一體者，人民直接組織政府；政府直接代表人民。人民對政府，無所用其監視；政府對民衆，亦無所用其爭取。

三五：政府以人民爲體，人民以政府爲用，「體」「用」只是一個。並不謂人民乃政府之主人；政府乃人民之公僕，主僕判成兩體。

三六：政民一體的政治乃「尚理」的，「和協」的；政民敵立的政治爲尚力的，鬥爭的。

三七：多數常見爲有力些，卻不一定常是有理些。尚力政治以力爲理，故政治取決於多數；全民政治在「理」上分從違，不在「數」上爭多少。

## 四

三八：國會職權與選舉法則，在全民政治的新理論下，將賦與一嶄新之精神與嶄新之意義。

三九：中山先生主張「治權」與「政權」劃分，又主張以「考試」限制人民之被選舉權；此兩理論，必將透切發揮，以爲中國新政治之基石。尤其是後一理論，乃中國傳統政治精義所在，中國人將大膽提出，以確然完成將來新中國的新政治。

四〇：尚力政治以參加政治活動為人民的權利；尚理政治以參加政治活動為人民的「義務」。故尚力政治主張個人權利的民權論；尚理政治則主張「團體義務」的民權論。

四一：主張個人權利，故以個人為選舉之單位；主張團體義務，亦將以團體為選舉之單位。

四二：政治事業根本即是一種團體事業，故個人於政治上無地位，個人將以服務團體代表團體而取得其政治上之地位。

四三：一個團體單位即是一選舉單位。職業選舉亦以職業團體為單位；地域選舉亦以地域團體為單位。

四四：職業團體與地域團體之合一基礎則在農村自治。

## 五

四五：農村自治將為新中國民主政治最下層最堅穩的基石。政治的民主，經濟的民主，皆從此基石上築起。從此基石上與中國傳統文化相啣接，與世界最新潮流相呼應。從此基石上，將痛洗個人權利觀念的尚力政治之積弊，而轉向大羣義務觀念的尚理政治之新途。

四六：要建設農村自治，必先繁榮農村經濟。繁榮農村一事業，將為民族、民權、民生三主義湊集之中心點。

四七：中國是一個農業國，因此中國文化亦是一種農業文化，將來民生主義完成，中國將爲一新的農業國，中國文化亦將爲一新的農業文化。

四八：將來新中國之經濟建設，將大量採用新科學，將急速工業化。但此二者，仍將以繁榮農村爲前提，仍將以工農相配合爲新中國經濟建設之重心。

四九：工農相配合的經濟政策，將以「安足」爲目標，不以富强爲目標。安足乃「內感自覺的，富强乃對比競成的。期求安足，其極可以富强；期求富强，其極將不安足。尚安足則主「和平」，尚富强則必主鬥爭。

五〇：和平的安足主義，對內將不許私人資本之猖獗；對外將不向帝國侵略主義之途徑而趨赴。工商配合的資本主義，過分負擔的高度國防，苟將損害新農業之繁榮，均將不爲新中國建設精神之所許。

五一：相應於此種工農配合的安足主義，新中國的建設精神，將偏重於向內，偏重於大陸。海洋經營與國外貿易，將爲內陸經濟繁榮自生之結果，將不爲國家經濟政策首先注意之目標。

# 六

五二：將求內陸經濟之繁榮，首先將注重於平等條件。

五三：將爲新中國經濟建設之首要問題者，尚不在階級經濟之不平等，而尤要在區域經濟之不平等。

五四：中國經濟區域以西北爲最落後，西南稍勝，東北又稍勝，東南最優。新中國之經濟建設將以西北爲首要，西南次之，東北、東南又遞次之。

五五：連帶於經濟偏枯而發生之種族糾紛，文化落後，民權不發達，一切內政問題，皆將以西北爲首要，西南、東北、東南遞次之。

五六：民生主義與經濟政策將決定一切內政方針，一切內政方針將決定新中國首都所在地之抉擇。

五七：無論就新中國建設之任何方面言，如經濟、如教育、如民權扶植、如國內種姓調和與文化融凝、如對外之武裝國防，北部均重於南部，西方均重於東方。將來新中國之新首都，無疑的當在西北，而以東北爲副。

# 七

五八：根據上述意見，新中國當以西安爲首都，建設西北，兼顧西南；當以北平爲陪都，調整東北，兼顧東南。

五九：最近的將來調整東北，同時建設西北，中央政府之大部機關與大部時間將在北平。稍後的將來，東北調整西北建設粗有端緒，中央政府之大部機關與大部時間將移西安。

六〇：第一首都西安，著重內陸建設。第二首都北平，兼顧海洋發展。

六一：第一首都西安，回復民族生機，喚醒歷史光榮。第二首都北平，吸納世界新潮，開展國際和平。

六二：西安新首都象徵新中國建設精神之一心向內與深入民間，又象徵新中國建設精神之諸族協和與全國均等。

六三：中山先生說：「革命的中國，首都宜在武漢。建設的中國，首都宜在西安。領導亞洲的中國，首都宜在伊犁。」這一節話，將再新宣示其內在精神之含義，而懸爲新中國建國途徑之一種新啟示。

六四：上述的建國三綱領，

「民族」主義是一個「明道設教」的問題。

「民權」主義是一個「立法創制」的問題；

「民生」主義是一個「親民行政」的問題。

此道、法、政三問題之逐步建設，將經歷十五至二十年之時期。在此時期內，全國上下只有堅苦卓絕，篤實踐履，將不許你因循拖沓，亦不許你好大喜功，更不許你粉飾太平。此一時期之堅苦卓絕與篤實踐履將為中華民族乃至全世界人類造無窮之幸福。

# 餘話

述信望竟，餘言未盡，更作餘語。

一：今日國人述及傳統文化，即譏斥其為主張復古。其實譏斥復古主義者，其自身即為一西化主義者。就吾人之意見，則既無古可復，乃亦無西可化。若求西化，即以政治論，試問將英美化？抑蘇聯化？我們的主張，則只要調和折衷，捨短用長，站在自己的地位，來決定自己的辦法。若欲復古亦然，試問欲復明清之古乎？抑復隋唐、秦漢之古乎？我們亦只主張調和折衷，捨短用長，站在現在的地位，來決定現在的辦法。佛說為一大事因緣出世，今日之中國人，乃為一大事因緣而救國建國。傳統文化乃此一大事之「因」，世界潮流乃此一大事之「緣」，必「因緣和合」乃得完成此一大事。何必你主西化，我主復古，自生齮齕。

二：全民政治之非階級政治，國人皆知。全民政治之非政黨政治，則必多疑其說者。中山先生手創國民黨而又主「還政於民」。就吾人之意見，「還政於民」者，乃欲就全民大眾之中解消國民黨之存在，非於國民黨之外再導獎其他政黨之對立與鬥爭。試問其他政黨若同樣信仰「三民主義」，則何必分黨角立？若根本不信仰三民主義，則國民黨既信奉三民主義爲立國大本而又導獎其他政黨之分立角勝，豈非爲自撥國本？故知中山先生「還政於民」之原意，當爲三民主義實現，而解消國民黨於全民之一體中，以完成其理想「中國式的民主」，決非還政於民即是走上英美式的民主之謂，更非借徑於英美式的民主而進一步以走入蘇維埃式的民主之謂。然今日一般國人之主張，頗似爲一種英美派的政治意識與三民主義的政治意識之混沌交流。因應此種意識而以平和善意相推移，固不失爲隨宜建國之一途，然其最後所趨，則當爲「全民政治」而非「政黨政治」。此層尚有待國內有興趣於黨論政論之學者再事闡發。

三：今日國人率喜言工業化，一聞農業國家及農業文化云云，則蹙額厭之矣。顧工業不能無所依附，彼將與農業相配合，或與商業相配合？其相與配合之間，必有所畸輕畸重。若工商相迎合，則走海洋路線，向外尋原料與商場，資本主義與帝國主義皆由此導源：此種國家雖盛極一時而今日已入衰境。若工業與農業相配合，則以大陸爲根據，對內自給自足，對外和平交換。今日世界新潮流，正向此途徑演進。其理想之國家，厥爲美蘇與中國。我之爲大陸農國此乃得天獨厚，並無可厭之理。若言文化，本隨人類生活爲演變，人生斷斷脱離不了「土地」與「生產」，亦斷斷脱離不了「和平」與「安足」，故農業文化乃人類萬年不敝之正常文化，惟經科學之洗禮而透發一種新光彩，乃以謂之「新農業文化」云耳。昔蔣百里氏國防新論已先闡發此理，若國人徒慕工業機械化之美名，震驚於四鄰之富强，而轉忽略於農業之基本因素，則殊非謀國深算也。然如何切合自國實情，工農配合，自創新途，則仍有待於國內科學界之自絞心血。雖曰科學工業可以迎頭趕上，然此固非囫圇吞棗，依樣葫蘆之謂。則一切由他人作主代辦之留學教育，竊恐在此方面仍不能勝任愉快。

此稿作成於日本在南京投降簽字日之清晨，厥爲中華民國三十四年九月九日之上午九時。錢穆識於成都寓次。

（民國三十四年九月昆明中央周刊七卷三十七期）

國家圖書館出版品預行編目資料

政學私言 / 錢穆作.--臺北市：蘭臺出版社
，民90
面；　　公分.--（中國史學小論叢）

ISBN　957-9154-35-X（平裝）

1.政治-中國-論文,講詞等

030　　　　89017178

中國史學小論叢

政學私言

作　　者：錢　穆
出　　版：蘭臺出版社
素書樓文教基金會
總 經 銷：蘭臺網路出版商務股份有限公司
地　　址：台北市中正區懷寧街七十四號四樓
電話（02）2331－0535
傳真（02）2382－6225
網路書店：www.5w.com.tw
E－Mail：service@mail.5w.com.tw
lt5w@ms59.hinet.net
出版日期：中華民國 90 年 2 月
定　　價：新臺幣 180 元

ISBN：957-9154-35-X